HERZLICHEN DANK

allen Lesern meines ersten Buches, die mich mit so viel begeisterter Anerkennung überhäuften. Sie waren es, die auch dafür sorgten, daß
Gartenträume – ersehnt und erfüllt
sehr schnell eine 2. Auflage erfuhr, sodaß ich Lust bekam, die Fortsetzung
Gartenzauber – überall und jederzeit
herauszugeben.

INGEBORG TSCHAKERT

INGEBORG TSCHAKERT

GARTENZAUBER

ÜBERALL UND JEDERZEIT

HAMPP VERLAG

IMPRESSUM

Text und Fotografie: Ingeborg Tschakert
Layout und Satz: Carsten Horn, Stuttgart
Umschlaggestaltung: Carsten Horn, Stuttgart
Reproduktion: GOBA Grafische Kunstanstalt Flohr GmbH, 91054 Erlangen
Portraitfotos: Gertrud Glasow, S.4/5, S.9
Illustration: Anke Russ, Freiburg
Druck: Maisch & Queck, Gerlingen

Printed in Germany 1998

Hampp Verlag, Schockenriedstraße 4, 70565 Stuttgart

ISBN 3-930723-81-6

GIBT ES ETWAS ZAUBERHAFTERES ALS DAS MÄRCHEN VON DÄUMELINCHEN, UM SICH IN EIN TRÖSTENDES TRAUMLAND ENTFÜHREN ZU LASSEN? DÄUMELINCHEN, DESSEN MATRATZE AUS BLAUEN VEILCHENBLÄTTERN BESTAND, UND EIN ROSENBLATT IHR DECKBETT WAR?

DÄUMELINCHEN, DIE AUF EINEM SEEROSENBLATT VON EINEM SCHMETTERLING AM STENGEL GEZOGEN DEN FLUSS HINUNTERSCHWAMM UND SCHLIESSLICH DIE KÖNIGIN DER BLUMEN WURDE?

MAN DENKE SICH NUR!

INHALT

VORWORT

BITTE NEHMEN SIE PLATZ...

... und nicht nur hier – in Gedanken – auf meiner kleinen Bank.

Wo immer Sie in der Natur hinkommen, verharren Sie, schauen Sie, und freuen Sie sich an all der Schönheit, die Sie entdecken werden. Es ist wie ein Spiel, das Sie üben können, denn auch Sehen und Wahrnehmen will gelernt sein. Leise werden Kindheitserinnerungen an uns vorüberziehen, die mit Gartzenzauber zu tun hatten.

Jeder Spaziergang kann mit einer Überraschung aufwarten, die zur Nachahmung im eigenen Garten geeignet ist. Ein Bummel längs hübscher Vorgärten kann uns Ideen aufzeigen. Da sehen wir plötzlich ein schönes Gartentor. Ja, so eines würde ich auch gerne haben, denkt man sich.
An einer Eingangstür inspiriert uns ein lustiger Kranz. Ein Beet mit leuchtendem Rittersporn springt uns ins Auge.
Rittersporn sieht man häufig, aber dieser ist mit weißen Rosen umpflanzt, die die blaue Pracht nach dem Verblühen und Zurückschneiden gnädig bedecken.

Viele Anregungen kann man in botanischen Gärten und öffentlichen Anlagen finden, und es ist ganz erstaunlich, mit welchem Farbempfinden so mancher Gärtner die Pflanzung zusammenstellt. Man muß nur hinsehen, und das Geschaute im Herzen mit nach Hause tragen. Und mit der Zeit werden Sie erkennen, wie viele Ideen zu keimen beginnen, die sich in Ihrem eigenen Garten verwirklichen lassen, und verwundert wird man bemerken, daß man seine Träume auch auf einem Balkon wahrmachen kann.

Aber nun sollten Sie Ihren Spaziergang durch Gärten, Wiesen und Geschehnisse beginnen.
Ich wünsche Ihnen viel Freude dabei.

Ingeborg Tschakert Erlangen, im Juli 1998

GEDANKEN IM NEUEN JAHR

AM ZWEITEN WEIHNACHTSFEIERTAG BEGANN ES ZU SCHNEIEN. SCHNEEFLOCKE FÜR SCHNEEFLOCKE HÜLLTE DEN GARTEN BALD IN EIN WEISSES TUCH. DRINNEN IM WOHNZIMMER BRANNTE IM OFEN EIN WÄRMENDES HOLZFEUER.

Ich hatte die Feuertür offen gelassen, wie ich es oft tue, um den Eindruck eines englischen Kaminfeuers für mich zu erwecken. Sinnend schauten wir in die brennenden Kerzen des Weihnachtsbaumes. Wir hatten mit unserem Besuch ein gutes Gespräch geführt, nun hingen wir unseren Gedanken nach. »Sie sind an einem Donnerstag geboren?« forschte unser Gast in die Stille hinein, »Donnerstag ist Jupitertag, und Jupiter bringt Fülle. Haben Sie in diesem Leben denn immer wieder diese Fülle gespürt?« »Nicht unbedingt«, gab ich lächelnd zur Antwort. Ich wußte mit dieser Frage zunächst wenig anzufangen, zumal das Leben nicht immer sehr sanft mit mir umgegangen war.

In den nächsten Tagen mußte ich immer wieder über diese Bemerkung nachdenken, und mehr und mehr kam mir die Erkenntnis, daß ich tatsächlich das in mir hatte, worauf mich andere Menschen so oft ansprachen, nämlich Fülle.
Ja, ein Füllhorn voller Empfindungen und Erinnerungen ruht in meiner Seele, jederzeit bereit, nach außen zu dringen.

In der Nacht ist wieder neuer Schnee gefallen. Dick und warm hüllt er Bäume und Möbel ein. Wie schön, daß wir die wechselnden Bilder des Teichlebens vom Frühstückstisch aus genießen können.

Schneeverzauberte Gartenanlagen locken mich mit der Kamera zu reizvollen Spaziergängen.
Auf wunderhübsch gedecktem Tisch trägt an lauen Sommerabenden der Hausherr hier köstlich bereitete Speisen auf.
Bei guten Gesprächen wird es spät, und ein traulicher Mond mahnt uns lange nach Mitternacht zum Aufbruch.

Zutiefst versank ich mit meinen Gedanken in alten Märchenbüchern – boten sie mir doch die Möglichkeit der Welt der Erwachsenen zu entfliehen.

Darauf läuft's weiter. Nicht lang, so kommt ein kleines Blümle
„Kleines Blümle" sagt Goldtöchterchen. wollen wir uns ein wenig
„Ich bin's zufrieden" sagt der Schmetterling, aber
Nun tanzen sie sich lustig herum, bis es Abend wird. Wie
Goldtöchterchen heim und denkt, jetzt willst du dich ausruhen
Wie's so sitzt, merkt's dass die Blumen im Grase auch schon all
Das Gänseblümchen nickt ganz schläfrig mit dem Köpf
sieht sich mit gläsernen Augen um, und dann nickt's noch
Da steht eine weiße Aster daneben und sagt:
„Gänseblümchen, mein Engelchen,
Fall nicht vom Stengelchen!"

SCHON ALS KIND HATTE ICH DIE GABE, MEIN FÜLLHORN FÜR MICH AUSZUSCHÜTTEN, UND MIT DESSEN REICHHALTIGEM INHALT AN WUNDERSCHÖNEN GEDANKEN UND PHANTASIEN UNGUTE EREIGNISSE ZU ÜBERDECKEN.
MIT EINEM MÄRCHENBUCH VERSTAND ICH, MEINE AUFGEWÜHLTE SEELE WIEDER ZUR RUHE ZU BRINGEN,
DENN MEISTENS KAM ICH MIR UNVERSTANDEN VOR UND FÜHLTE MICH ALLEIN.

Meine engste Freundin – ich erkenne es erst heute – war damals meine Mutter, die es immer verstand, mit meiner empfindsamen Seele umzugehen. Ich war entsetzt, als eines Tages ein kleiner Bruder in der Wiege lag und mir einen Teil ihrer Aufmerksamkeit raubte. »Mutti, gib ihn zurück!«, forderte ich dringend in meiner Eifersucht. Aber meine Mutter nahm mich in den Arm und sagte tröstend: »Nein, nein, wir wollen ihn ganz lieb haben«, verschloß aber doch vorsorglich die Fenster. Und nach wenigen Jahren war es gerade dieser kleine Bruder, der völlig in sich selbst ruhend seine kleine Hand in die meine legte und meine Kümmernisse mit den Worten: »Inge, liebe Inge, ach wein' doch nicht«, tröstlich zu mildern verstand.
Wenn ich auch als schwieriges Kind galt, wenn unser Kindermädchen mich als »olle Heulsuse« betitelte, und ich sie ob dieser Aussage abgrundtief haßte, so fühlte ich mich reicher als sie alle zusammen.

Träumend betrat ich mit meinem vollen Innenleben den Schulweg und legte keinen großen Wert auf die Begleitung von Freundinnen. Sie verstanden nicht, daß ich staunend vor einem Vorgarten stehen blieb und in das Wunder üppiger Tulpenblüten starrte.
Erstaunt war unser Kindermädchen, wenn ich sie flehentlich anbettelte, doch bei unserem nachmittäglichen Spaziergang in den Bürgerpark auf einer ganz bestimmten Bank eine lange Rast einzulegen. Hier gab sie meinen Launen immer nach, traf sie sich doch an dieser Stelle mit dem Personal anderer Häuser, deren Zöglinge ebenfalls des nachmittags an die frische Luft zu bringen waren.
Während meine jüngeren Geschwister, inzwischen waren noch zwei dazugekommen, mit anderen Kindern herumtollten, die Mädchen auf der Bank saßen und mit großer Wichtigtuerei die letzten Vorkommnisse in den jeweiligen Haushalten zum Besten gaben, versuchte ich, ihnen eine kleine Weile zu entkommen, denn ich wollte mein Erlebnis für mich allein haben. Schnell huschte ich um die nächste Baumreihe und stand vor einem allerliebsten Häuschen, so schön, so allerliebst, wie man es gar nicht beschreiben kann. Verzückt hing ich mit meinen Kinderaugen an diesem Bild, an dem Schweizerhäuschen im Bremer Bürgerpark. Warum nur hatten meine Eltern nicht auch solch ein hübsches Zuhause gebaut? Warum wohnten wir in solch einem alltäglichen Steinhaus?

Ach, es war noch nicht alles, was mein Innerstes so in Aufruhr brachte: Ich blickte in den zauberhaftesten Garten, den man sich nur vorstellen konnte. Buntester Sommerflor muß es gewesen sein, der mir da entgegenblühte. Ich war so glücklich, aber ich war auch so sehnsüchtig nach soviel Schönheit! Nur mit schleppenden Schritten kehrte ich wieder zu den anderen zurück, wohl wissend, daß ich niemals in einem Schweizerhäuschen wohnen würde.

In der Schule frönte ich einer anderen heimlichen Pflanzenleidenschaft. Im ersten Schuljahr schrieben wir noch auf Schiefertafeln und benutzten Schwammdose und Schwamm. Wenn ich unter diesen feuchten Schwamm ein bis zwei Linsen oder eine Bohne legte, taten sie etwas, was mich in höchstes Erstaunen und Entzücken versetzte: sie wurden plötzlich lebendig, sie fingen an zu keimen. Die Welt war voller Wunder!
»Du hast wirklich nur Unsinn im Kopf«, schalt meine Lehrerin bei der Entdeckung meines Schwammdosen-Inhalts und warf meinen Keimlingsschatz roh in den Papierkorb.
So wiederholten sich immer wieder Begebenheiten, bei denen ich mit den Tränen zu kämpfen hatte.
Zutiefst verkroch ich mich dann in mein Schneckenhaus.

Gab es etwas Zauberhafteres als das Märchen von Däumelinchen, um sich wieder in ein tröstendes Traumland entführen zu lassen? Däumelinchen, dessen Matratze aus blauen Veilchenblättern bestand, und ein Rosenblatt ihr Deckbett war? Däumelinchen, die auf einem Seerosenblatt von einem Schmetterling am Stengel gezogen den Fluß hinunterschwamm und schließlich die Königin der Blumen wurde? Man denke sich nur!
Noch heute kann ich mir nichts Liebreizenderes vorstellen als dieses Märchen von Hans Christian Andersen. Doch schon damals hatte ich die Möglichkeit, mich durch Blumen- und Gartengeschichten in die schönsten Träume versetzen zu lassen, und mit dem kleinen Schmetterling zu erkennen, daß die Erwachsenen nicht immer unbedingt Freunde sind.

Allerliebste erhaltenswerte Gartenhäuschen haben schon immer mein Herz höher schlagen lassen.

»Leben ist nicht genug«, sagte der Schmetterling, »Sonnenschein, Freiheit und eine kleine Blume muß man haben«. Und nach all diesen Betrachtungen an einem kalten Januartag weiß ich bereits, was ich meinen Kindern und anderen Lieben zum nächsten Weihnachtsfest schenken werde: Ein Buch mit den Märchen von Andersen und dazu eine kleine Blume. Und natürlich eingewickelt in schönstes Blumen-Seidenpapier, mit einer großen Schleife versehen.

DENN: NUR DIE PHANTASIE KANN DIE REALITÄT VERÄNDERN!

Noch war das Wetter ein Geschenk. Die Kinder hatten ihren Besuch angesagt und wollten natürlich Schneemänner bauen. Unbedingt mußte ich noch dicke Mohrrüben kaufen, damit für die Nasen gesorgt war. Auch große schwarze Knöpfe mußten für die Augen bereitgelegt werden. Wo sind die Augen? Hast du auch Mohrrüben gekauft?, würden sie fragen.
Ich war froh, daß der Garten größeren Verwüstungen entging, denn draußen vor dem Zaun ist viel Platz. Das Betreten der Rasenfläche hatte ich mir verbeten. Worauf Felix fragte: »Wieso denn das?« Und ich erklärte ihm: »Unter euren festen Tritten bekommt der Rasen keine Luft mehr, und es entwickelt sich ein Pilz, der im Frühling häßliche Flecken verursacht.«

Es war ein Mini-Schneemann, mit dem ich mich zufrieden geben musste.

Glitzernd liegt der Schein der späten Nachmittagssonne auf dem Eis. Welche Lust, sich hier zu vergnügen!

Draußen entbrannte eine heftige Schneeballschlacht, und obwohl ich mich auf einen richtigen dicken Schneemann gefreut hatte, bekam ich nur eine Miniaturausgabe. Sehr schnell war das Schneemann-Interesse erloschen. Mohrrüben und schwarze Knopfaugen lagen im Schnee, und die Schlittschuhe wurden geschultert.

Auch in meinem Küchensammelsurium räume ich im Winter auf.

Der Weihnachtsbaum hat seine Schuldigkeit getan. Ein Korb mit Holz auf einem Schlitten, ein alter Besen vor bröckelnder Wand, dazu ein schwacher Schein aus dem alten Fenster, lassen Gedanken aus lang vergangenen Zeiten aufkommen.

An manchen dieser Tage weht ein stürmischer Wind durch den Garten. Er zerrt und rüttelt an den Markisen, und fährt wild in das herabhängende Geäst der Bäume, deren grazile Zweige das mit sich machen lassen. Aber auch dieses Wetter ist mir lieb und recht, wenn mich nicht gerade ein stechender Kopfschmerz plagt. Es erinnert mich an die stürmende See, wo einstmals mein Zuhause war, und ähnliche wilde Schauspiele faszinieren mich noch immer.
Ist es nicht besser, an solchen Tagen eine Kerze anzuzünden, als über Finsternis und Gräue zu klagen?

Wie sieht es also mit meinen Wintertätigkeiten aus?
Ich räume auf!
Unordentliche Menschen sind oft liebenswerte Geschöpfe, fern von jeder Pedanterie.
Ich bin so eine Art Mittelding, d.h. ich gehöre zu den Menschen, denen das Ordnungmachen leichter fällt als das Ordnunghalten. So wird mir in den Wintermonaten häufig doch klar, daß sich gewisse Tätigkeiten nicht mehr lange vermeiden lassen. Gartenbücher und Gartenzeitschriften werden wieder geordnet, und seufzend entschließe ich mich nach einem langen Blick in meine Schreibtischschubladen, auch diesen einige Stunden zu widmen. Unglaublich, wieviel es immer auszurangieren gibt.
Danach stelle ich mich unter die Dusche, besprenge mich mit köstlichen Düften, und kurze Zeit später brechen mein Mann und ich zu einem erfrischenden Spaziergang auf. Daß vorher in einem hübschen Lokal schon ein Tisch bestellt wurde, ist selbstverständlich, und meist ist es ein gebackener fränkischer Karpfen, den wir um diese Jahreszeit verspeisen.

Noch gibt sich der Winter eisig.
Doch die ersten vorsichtigen Laute
der Amsel lassen uns hoffnungsvoll
wissen, daß der Frühling nicht mehr
weit ist.

»Euer Garten sieht auch im Winter immer so hübsch aus«, bekomme ich oft zu hören. Das wundert mich, denn die unter weißem Gärtnervlies versteckten Hochstammrosen machen für mein Gefühl einen sehr abenteuerlichen Eindruck.
Besonders dann, wenn sich bei kräftiger Luftbewegung Vliesfetzen aus der Befestigung gelöst haben und nachts gespenstisch im Winde wehen.
Aber zugegeben, seitdem wir viele Buchsbäume pflanzten, große und kleine, zeigt der Garten besonders bei leichtem Schneefall wunderschöne Strukturen. Der dünne Schnee, der sich auf nackten Baumstämmen und Zweigen festhält, gibt noch das Seine hinzu.

Das Teichwasser ist in dieser Zeit ganz klar. Grüne Algen auf dem Grund zeigen mir, daß unter ihrer Decke alle Frösche einen warmen Winterschlaf halten können. Beruhigt gehe ich nach diesem Blick ins Wasser wieder in mein kleines Haus zurück.

DER GARTEN RUHT.

HERZL
WILLKOMM

ALLES UM OSTERN

WARTEN WIR ZU WEIHNACHTEN AUF SCHNEE, SO WÜNSCHEN WIR UNS ZU OSTERN WÄRMENDEN FRÜHLINGS-SONNENSCHEIN. BEIDE ERWARTUNGEN GEHEN OFT DANEBEN. HÄUFIG FALLEN NOCH DICKE SCHNEEFLOCKEN, WENN ICH MICH ANSCHICKE, EINEN HÜBSCHEN OSTERTISCH ZU DECKEN.

Genauso wie für Weihnachten habe ich viele Utensilien auch für diese Tage in langen Jahren zum Schmücken gesammelt. Aber Ostern verläuft nicht mit demselben Gleichmaß wie das Weihnachtsfest. Hier ist Abwechslung angesagt, denn es wird vorher der Wetterbericht befragt: Scheint eine wohltuende Sonne, sitzen mein Mann und ich im fröhlich geschmückten Gartenhäuschen, und nachdem wir unser Festtagsfrühstück genossen haben, nehmen wir uns der vielen Gartenbücher an, die wir vorher schon um uns aufgebaut hatten. Denn jetzt gibt es natürlich nur ein Thema:

Der Garten.

Wetter, Rosen, Stauden, Teich. Alle Fragen werden sorgsam behandelt, zwischendurch nur von einem kurzen Gartenspaziergang unterbrochen. Meistens ist auch noch sehr sehr wenig an Blüten zu sehen. Jedes Beet steckt jedoch voller Ahnen und Hoffen. Herrlich! Der ganze Frühling, ja der ganze Sommer liegt noch vor uns.

Ist das Wetter noch gar zu wüst, bleiben wir im warmen Wohnzimmer und treffen uns mit der ganzen Familie am großen Eßtisch, der natürlich besser zum Schmücken geeignet ist. Osterglocken, Kätzchenzweige und ausgetriebene Forsythien stehen in verschiedenen Gefäßen auf der Fensterbank, und liebe kleine Stiefmütterchen-Gesichter geselle ich ihnen dazu.

Mein Hauseingang soll allen Besuchern eine Freude sein.

Über Nacht hat es wieder Schnee gegeben, obwohl Ostern vor der Tür steht.

»…doch an Blumen fehlt's im Revier, sie nimmt geputzte ›Eier‹ dafür … «.
Ein hübscher Brauch ist das Schmücken der Brunnen in der Fränkischen Schweiz.
Dieses Bild wurde vor Jahren gemacht und zeugt noch von der natürlichen Fröhlichkeit, die vielem Brunnenschmuck von heute verlorengegangen ist.

Meinem Hang zur Romantik fällt es nicht schwer, mich für die verzierten Eier zu begeistern, die mit Oblaten und Sprüchen versehen sind. Meine Jugendfreundinnen und ich klebten sie uns gegenseitig ins Poesiealbum und wünschten uns, daß Rosen und Vergissmeinnicht unseren Lebensweg umranken und umkränzen mögen.

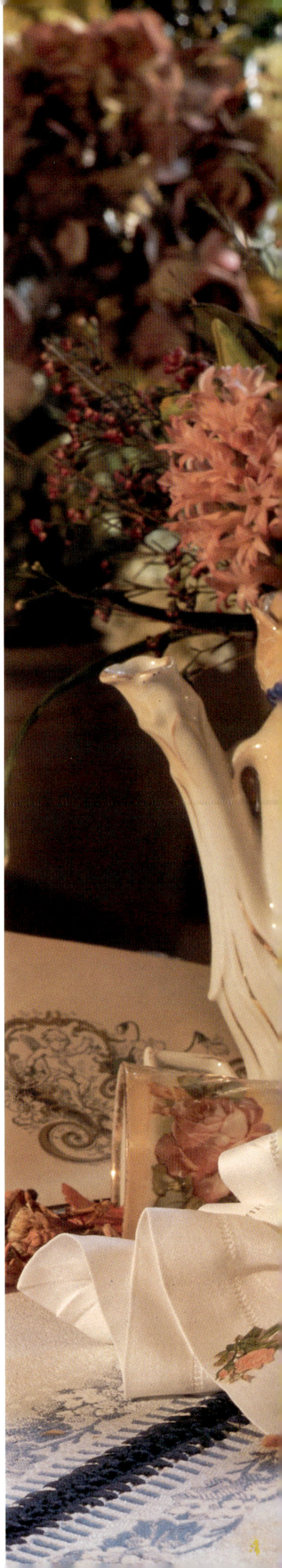

Wie üppig läßt sich ein Osterfest gestalten! Auf Ostereiermärkten, die inzwischen im ganzen Land wie Pilze aus der Erde schießen aber leider nur noch wenig mit Tradition zu tun haben, kann man wunderschöne, verzierte Eier erstehen.
Ich hänge meine Eier nicht gerne auf, sondern lege sie wie die Hennen ins Nest. Das heißt: flache Schalen und Körbe werden damit gefüllt. Ebenso aber kann man Lorbeer- oder Buchsbäumchen schmücken. Bunt mit Eiern behängt sind sie eine lustige Augenweide. Buchsbäumchen sehen besonders hübsch aus, wenn man einfach ausgeblasene weiße Hühnereier in sie steckt. Grüne Bänder verleihen ihnen einen zusätzlichen Reiz. Vierzehn Tage lang kann man all diese Dekorationen gut und gerne im Haus belassen, denn auch vor oder nach dem Fest wird uns der österliche Schmuck noch eine Weile Freude bereiten.

EIN GOLDENES, BRÜCHIGES STÜHLCHEN ERFÜLLTE MICH MIT SEHNSUCHT, ES ZU BESITZEN. AUS DEM WINZIGEN FENSTER EINES TRÖDELLADENS IN SPANIEN SCHAUTE ES MICH AN.

EIN JAHR SPÄTER STAND ES UNTER UNSEREM WEIHNACHTS-BAUM, UND FREUNDE BEKUNDETEN LEISE VERWUNDERT, WAS ICH DOCH NUR IMMER FÜR SELTSAME WÜNSCHE HÄTTE.

DANKBAR WEISS ICH ES ZU SCHÄTZEN, DASS FRANK MEIN BEGEHREN WAHRNAHM, UND DAS STÜHLCHEN VON SPANIEN NACH DEUTSCHLAND AUF DEN WEG BRACHTE.

Der
lieben

Mancherlei Gründe werden oft dafür angegeben, daß die Wohnung an solchen Festtagen weitgehend schmucklos bleibt: Die Kinder seien zu groß dafür geworden, der Ehemann sehe die Mühe gar nicht, und die Besucher stolperten häufig, ohne auch nur ein einziges Wort zu sagen, über den hübschen Schmuck. Doch Schluß mit diesen Klagen! Nicht wegen der Kinder, nicht wegen des Ehemannes, nicht wegen der Freunde sollte man sein Heim an Festtagen so schön wie möglich schmücken. Nein, man muß es in erster Linie für sich selber tun, also sich selber loben, sich selber gernhaben – und keine Erwartungen stellen.

Nichts ist beglückender, als von seinen Lieben aus Dankbarkeit umarmt zu werden. Aber wie oft wartet so mancher da vergebens. Nichts ist enttäuschender, als vergeblich auf ein Lob zu hoffen. Übrigens im Garten wie im Haus gleichermaßen. Aber leider ist Anerkennung eine Pflanze, die meist nur über Gräbern blüht. Die Erwartungen sind es, die uns im Leben häufig ein Schnippchen schlagen.

Übrigens gilt das Gleiche für den Muttertag: Keine Mutter sollte darauf warten, von Kindern und Ehemann mit Blumen überschüttet und später in ein übervolles Lokal gebracht zu werden, um nun neben anderen auf ihr Recht pochenden Müttern das Muttertagsschicksal hinter sich zu bringen.

Machen Sie sich selber Ihren Muttertag, kaufen Sie sich selbst einen prächtigen Muttertagsstrauß und statten Sie ihn zusätzlich mit den Blumen aus, die jetzt auch schon im Garten blühen; denn Mai ist's, wunderschöne Maienzeit! Bereiten Sie selber – wenn Sie großzügig sind – einen wohlschmeckenden Muttertagsbraten, mahnen sich aber einen Gutschein für einen »Ersatzmuttertag« ein. Irgendwann, an einem herrlichen Sommerabend, zu einem schönen Abendessen. Wäre das nicht besser?

Zum Schluß noch ein Rezept zur Nervenstärkung für die streßgeplagte Mutter:
Es ist interessant zu beobachten, wie der Zitronensaft die ganzen Eier vollständig zersetzt.
In hübschen Flaschen abgefüllt ist es ein sehr liebevolles Geschenk, zubereitet vom Vater und den Kindern.
An jedem Gartentag zwischendurch ein Schlückchen genommen, wird noch zusätzliche Kräfte für die Arbeit freimachen.

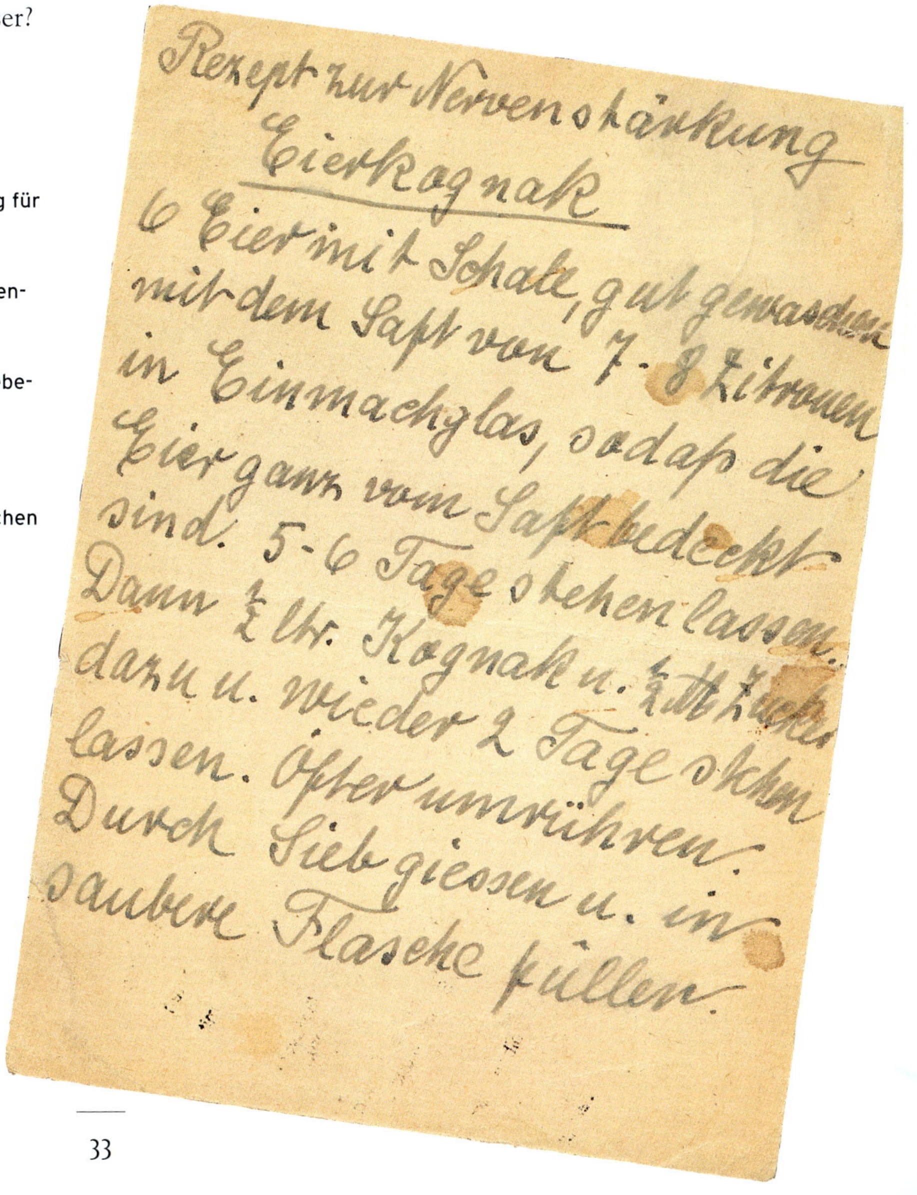

Rezept zur Nervenstärkung
Eierkognak
6 Eier mit Schale, gut gewaschen
mit dem Saft von 7-8 Zitronen
in Einmachglas, sodaß die
Eier ganz vom Saft bedeckt
sind. 5-6 Tage stehen lassen.
Dann ½ Ltr. Kognak u. ½ Pfd Zucker
dazu u. wieder 2 Tage stehen
lassen. Öfter umrühren.
Durch Sieb giessen u. in
saubere Flasche füllen.

DER FRÜHLING IST DA

ES WIRD WÄRMER, UND DER FRÜHLING MACHT KEIN GEHEIMNIS MEHR DARAUS, DASS ER WIRKLICH DA IST! AUCH ÜBER FÖHNLAGEN SCHEINT DER WETTERBERICHT NICHTS ZU WISSEN, UND SO GEHT ES UNS GUT.

Dankbar bin ich für meine spanischen Olivenölgefäße, denn an vielen Stellen kann ich sie wirkungsvoll zur Zierde einsetzen.

Überfülle des Frühlings am Teich.

»Heute will ich den ganzen Tag in den Garten«, verkünde ich schon um 6 Uhr morgens. »Und ich komme mit«, frohlockt mein Mann.

Ein Rundgang im herrlichsten Morgensonnenschein bestätigt, daß es viel zu tun gibt: Ein Blick ins Gartenhäuschen sagt uns, daß wir unsere ersten Pflichten hier erledigen sollten. Die Fenster zeigen mir erbarmungslos, daß sie geputzt werden wollen. Die Möbelchen müssen an der frischen Luft gereinigt, und die weißen Wände außen und innen abgeseift werden.

Mit aller Dringlichkeit macht uns der Teich darauf aufmerksam, auf welche Zuwendung er wartet. Die Binsen, die den ganzen Winter, obwohl braun und vertrocknet, dem Wasser einen eigenen Reiz verliehen, sind abzuschneiden. Und die geraden Bohlen, die unseren Teich einrahmen, brauchen einen neuen Anstrich in der Farbe »Altholz«.

Bevor das Wasser sich in seine Frühjahrstrübung verfärbt, muß ein großer Teil der Armleuchtergewächse »Chara« und »Nitella« abgefischt werden. Dafür übernimmt Enkel Felix die Verantwortung, und er kommt nun einmal in der Woche zum Helfen.

MIT TRAUMHAFTER BLÜTENFÜLLE ÜBERSCHÜTTET DIESER APFELBAUM SEINE UMGEBUNG. IM SOMMER SIND ES DIE ROSEN, DIE DIESEN GARTENTEIL MIT IHREM KÖSTLICHEN DUFT EINHÜLLEN.

NOCH SPÄTER IM HERBST SCHENKT UNS DER NIMMERMÜDE BAUM FRÜCHTE, DIE EINEN WOHLSCHMECKENDEN MOST ERGEBEN.

Letztendlich doch vom Winter mitgenommen, liegen die Frösche ermattet und tiefbraun am Teichrand. Erst nach ein oder zwei Wochen Sonnenschein beginnen sie sich wieder grün zu färben, und sobald es warm genug ist, mit ihrem geradezu unglaublich lauten Froschkonzert uns des Öfteren auf die Nerven zu gehen. Es sind zuviele geworden!

Die ersten Laute einer Unke hören wir Anfang April. Sie hat eine sanfte Stimme und stört nicht. So mancher vergleicht ihre Töne mit fernem, leisen Glockengeläut, und eine seltsame Stimmung von uraltem Märchenland und von im Moor versunkenen Städten wird in uns geweckt.
Auch die Kröten bringen bereits um diese Zeit das Wasser in Unruhe. Hin und wieder plumpst es, und nach kurzer Zeit kann man die langen Laichschnüre im Wasser um die Pflanzenstengel gewickelt sehen.

Wenn das Wasser wärmer geworden ist, und die kleinen Moderlieschen an der Oberfläche schwimmen, können wir auf den Besuch eines Eisvogels warten. Unbeweglich sitzt er auf einem Baumast und starrt mit schrägem Kopf in das Wasser. Urplötzlich stürzt er hinab und hat nun quer im Schnabel einen kleinen Fisch. Wie aus einer anderen Welt erscheint er irgendwann wieder in all seiner unvergleichlichen Schönheit. Wie lange noch, fragen wir uns bang? Wie viele Vögel, ist auch er vom Aussterben bedroht.

Aber wir wollen weitere Plätze sichten, wo Arbeit auf uns wartet: Noch immer können wir am Teich bleiben. Die ganze Umrandung besteht aus Kleinpflaster, das sich im Winter mit grünen Moosflecken bedeckt hat. Sie stören, auch weil man bei Nässe leicht ausrutscht. Mit einer Hochdruckspritze ist es möglich, ihnen gründlich zuleibe zu rücken. Danach sehen sie wie neugeboren aus. Männerarbeit! Enkel Felix erledigt auch das wunderbar.

Rings um unser Wasser denke ich mir in jedem Jahr eine andere Stuhl- und Bankordnung aus. Ich liebe ständige Veränderung und habe es nicht gern, wenn in jedem Jahr alles wieder gleich aussieht. Einen neuen Anstrich benötigen auch heuer wieder die Stufen der Gartentreppe. Grün sollen sie abermals werden. Hier bleibe ich vorläufig beim Alten.

KIRSCHBÄUME GEBEN ZUR BLÜTEZEIT AN DEN STRASSEN DER FRÄNKISCHEN SCHWEIZ EIN BERAUSCHENDES BILD. VOR KLEINEN HOLZHÄUSCHEN VERKAUFEN DIE BÄUERINNEN SPÄTER ZUR ERNTEZEIT DIREKT AN DER STRASSE DIE SAFTIGEN KNACKIGEN FRÜCHTE.

Alte Damen würden sich mit Sonnenschirm und Perlentäschchen an diesem reizenden Teetisch so recht wohlfühlen.

In den Beeten rührt sich viel. Kurz vor dem beginnenden Austrieb wurden sie mit einer dünnen Schicht Kompost versehen, und auch die Frühjahrsdüngung wurde schon aufgebracht. »Ach, wie ist der Frühling schön«, kann man nur immer und immer wieder begeistert feststellen.
Winterlinge (Eranthis) und Schneeglöckchen (Galanthus) sind schon verblüht, gleich darauf erscheinen die Leberblümchen (Hepatica) und das Lungenkraut (Pulmonaria). Ihnen folgen das niedliche Gedenkemein (Omphaloides verna), die Alpengänsekresse (Arabis caucasica), die immergrüne Schleifenblume (Iberis sempervirens), und wie hübsch, wenn dazwischen für Goldlack (Cheiranthus) gesorgt wurde.
Tulpen und Narzissen sind eine Selbstverständlichkeit, ebenso Schwertlilien (Iris). Dicke, fette Pfingstrosenblüten (Paeonia) werden sich bald öffnen. Grundsätzlich sollte man diese Traumpflanze nur im Herbst teilen, und nur so flach pflanzen, daß die schon sichtbaren neuen Frühlingsknospen nicht mit Erde bedeckt werden. Wird sie zu tief gesetzt, rächt sie sich bitter und blüht nicht.

Pfingstrosen überraschen in den herrlichsten Formen und Farben. Es lohnt sich allemal, eine dreitägige Gartenerholungspause einzulegen, und zur Blütezeit dieser Märchenpflanze in die Staudengärtnerei »Gräfin von Zeppelin« zu fahren, und hier die herrlichen Züchtungen zu betrachten und auszusuchen. In dem kleinen Ort Laufen ist man nicht nur landschaftlich gut aufgehoben, auch der badische Wein mundet köstlich. Mit vielen Flaschen füllen wir den Kofferraum, und fahren, mit Pflanzen und Wein reich beladen, nach Hause zurück.

Nicht vergessen sollte ich, allen Gartenfreunden eine wesentliche Erleuchtung mit auf den Weg zu geben.

»IN GÄRTEN ALTERT NIE MEIN FRÖHLICH HERZ«

Gefunden und gelesen an einem Betriebsgebäude der »Staudengärtnerei Gräfin von Zeppelin«.

Überschwengliche Blütenfülle der Pfingstrosen vor malerischen Weinbergen

EIN SPAZIERGANG DURCH DEN PARKARTIGEN GARTEN DES HERRN VON GARNIER LOHNT SICH IMMER.

Alles in Blau. Wie reizvoll!

Duftende Fliederblüten – wie schade, daß diese Pracht nur von kurzer Dauer ist!

Der Fund dieses alten Stuhles machte mich glücklich.

MYRTEN, MALVEN, PASSIFLOREN

MYRTEN, MALVEN, PASSIFLOREN
BLÜH'N UND WACHSEN AN DEN MAUERN
MEINES KLEINEN WEISSEN HAUSES,
ROSEN RANKEN AN DEN TOREN,
ABER MEINE LIEDER TRAUERN...

Endlich mußte ich begreifen, daß ich keinen Rosensommer erleben würde. »Vielleicht kommen sie ja doch noch«, tröstete mein Mann, doch ich wußte längst, daß der harte Winter alle Hoffnungen begraben hatte. Tot und leblos starrten die leeren Zweige der großen Hochstammrosen kummervoll in den Garten, so als wollten sie sich dafür entschuldigen, daß sie nicht durchgehalten hatten.

Wir schickten uns also an, diesem Unglück zuleibe zu rücken, wohlwissend, daß harte »Knochenarbeit« vonnöten ist, alte Hochstämme auszugraben. Nicht nur das, denn es ist ja bekannt, daß ebenso das Erdreich ausgewechselt werden muß; Rosen mögen nun einmal nicht die Erde, in der vorher schon Geschöpfe aus der gleichen Familie wuchsen.

Ja, meine Lieder trauerten! Unglücklich schaute ich auf die neuen, noch recht dürftigen Hochstämme, die wir besorgt hatten, um den Verlust der schönen großen Stammrosen wieder auszugleichen. Liebevoll legte mein Mann seinen Arm um mich. »Das bekommst du schon alles wieder in den Griff.« Lächerlich, wie sollte ich nur das alles wieder »in den Griff« bekommen?!

Nach dem strengen Winter gab es in unserem Garten fast keine Rosen mehr. Stattdessen habe ich kleine blaue Solanum-Hochstämme gepflanzt, die dem Garten Höhe geben.

Einen Garten ohne Phlox sollte es nicht geben. Er erinnert uns an den berühmten Staudengärtner Karl Förster, der sagte: »Ein Garten ohne Phlox ist ein Irrtum«. Am wohlsten fühlt er sich in nährstoffreichem, kühlen Boden, und heiße Sonne sollte ihn nicht zu kräftig bedenken.

Erst allmählich begann der Garten sich wieder von den schweren Winterschäden zu erholen.

Auch die Clematis besannen sich nur mit Mühe darauf, daß doch noch Leben in ihnen steckte. Leben, das aber nur noch im untersten Teil wohnte. Das, was im Vorjahr himmelwärts gestrebt und uns mit blauen und weißen Blütengehängen überschüttet hatte, war tot. Unsere wunderschöne Glyzine ebenso. Auch sie schien ihr Leben ausgehaucht zu haben. Erst im späteren Frühjahr entschied sie sich dann doch, nach vielem guten Zureden, kleine Ahnungen von Blättern zu treiben, und erst im Juli machte sie zögernde Blühversuche.

Wieder einmal sah die Nachbarschaft um mich herum erwartungsvoll zu, wie ich »gartenmenschenwürdig« durch den Sommer kommen würde. Aber ich kam! Wie sah das Bild aus, das ich entwickelte? Nun, es waren die Einjährigen und die nicht winterharten Kübelpflanzen, die mich retteten. Beim Besuch eines Gartencenters sah ich sie stehen: Allerliebste, blaue Solanum-Hochstämme mit hübschen, dichtbesetzten Blütenkugeln. Genau das war es, was ich brauchte, denn sie brachten mir Höhe in den Garten. Natürlich hatte ich noch weitere Hochstammrosen gekauft, denn ich bekam anfangs nicht alle Sorten, die ich mir gewünscht hatte. Aber sie gaben noch nichts her. Und darum ließ ich sie erst einmal in Töpfen stehen, wo sie sich einstweilen entwickeln konnten.

Traumzarte weiße Schaumpflanzen setzte ich später ebenfalls in die Beete. Sie entzückten mich bis in den späten Herbst. Auch hübsche Tontöpfe bepflanzte ich mit ihnen. Sie haben sich zu üppigen, schwingenden Gebilden entwickelt, die dem Garten einen wundervollen, lichten Reiz verleihen. Diese überwintere ich mit viel Sorgfalt. Man sollte immer zwei bis drei Pflanzen in einen größeren Kübel pflanzen, und die Triebe sorgfältig aufbinden. Kostbar klingt schon ihr Name »Solanum jasminoides«, zu beziehen in fast jeder Zierpflanzengärtnerei.

Eine Sensation war der von Schwiegertochter Cornelia empfohlene Zierfenchel (Foeniculum vulgare), mit zartem Laub und duftenden Doldenblüten. Hunderte von verschiedenen Insekten summten und schaukelten im filigranen Blattwerk herum. Leider ist er nur kurzlebig, und muß nach zwei Jahren nachgepflanzt werden. Übrigens ist auch der einfache Küchendill eine wertvolle Bereicherung im Stauden- und Rosenbeet. Mir jedenfalls gefällt das zarte Bild.

Im Juli waren dann auch wieder alle Beetrosen zur Stelle, denn der Schnee hatte sie soweit schützend bedeckt, daß sie ganz tief unten mit einer unbeschreiblichen Lebenskraft auszutreiben begannen.

Hatte uns der Winter bereits mit vielen Kümmernissen bedacht, so schonte uns der Sommer ebenfalls nicht. Nach langer Trockenheit begrüßten wir zwar dankbar den ersten

Regen, und die Aussicht auf feuchte Tage war wohltuend. Nach einer Woche aber meinten wir, daß es nun genug sei. Voller Vertrauen ließen wir uns von den verheißungsvollen Versprechungen des Wetterberichtes trösten. Morgen würde es anders sein! Doch der Regen hielt sich schwer in den vollen kleinen Blüten der »Mme. Plantier«. Mehr und mehr sank der wundervoll gebogte Strauch in sich zusammen. Seine Schönheit war dahin. »Regen wird kommen«, prophezeit daher jedes Jahr mein lieber Mann düster, »denn Mme. Plantier beginnt zu blühen«.

Trotz Anstäbens neigten sich die Rittersporne schwer der Erde zu, und die luftigen Blüten der Alchemilla legten sich wie

Diesen Ligusterschirm entdeckte ich vor einem Blumengeschäft. Mit kleinen Glaskugeln habe ich ihn am Rande behängt.

Schirm und Stuhl begeisterten mich in der Staudengärtnerei »Gräfin von Zeppelin«

Blaue Bank

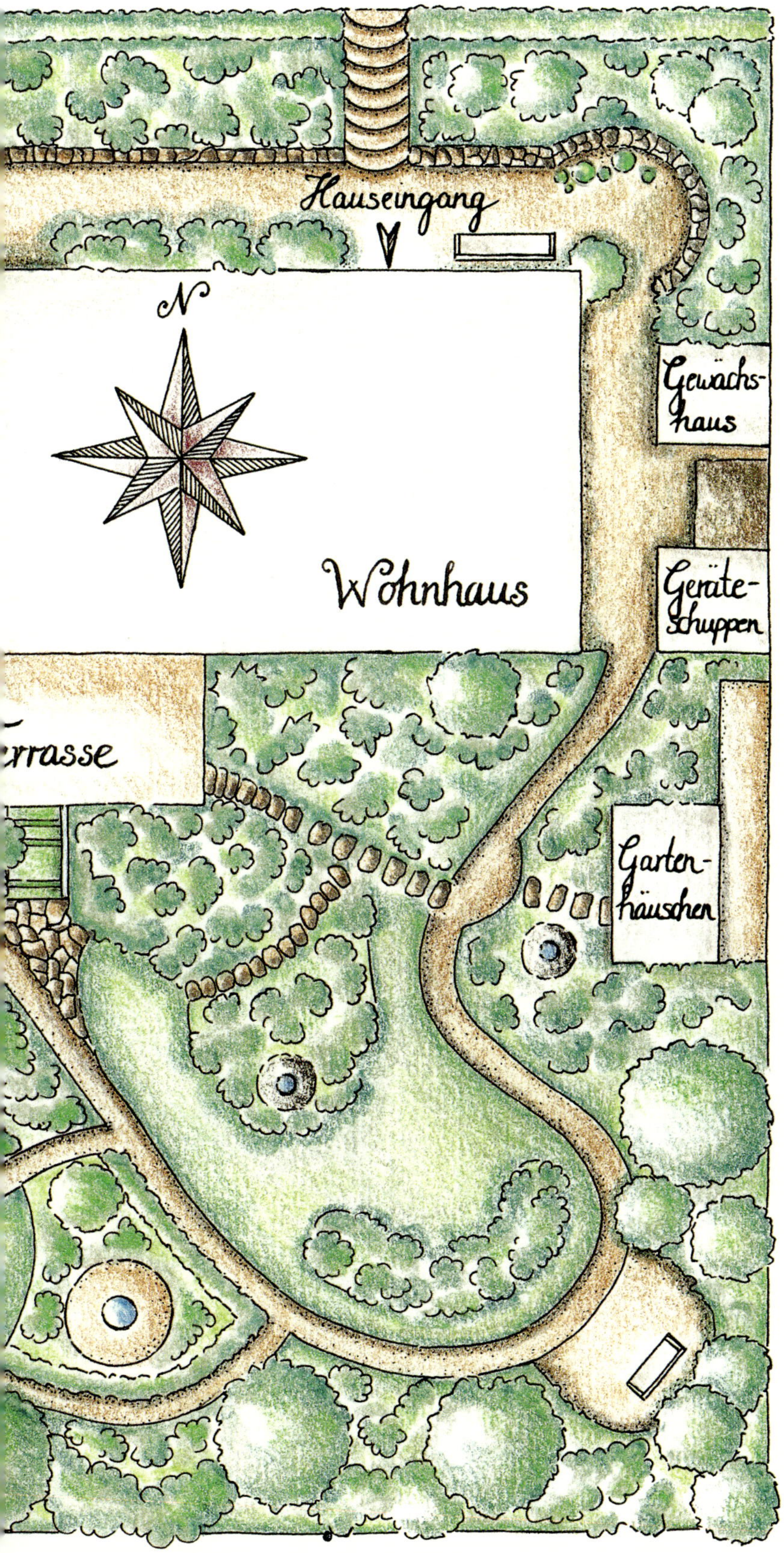

Gartenhäuschen

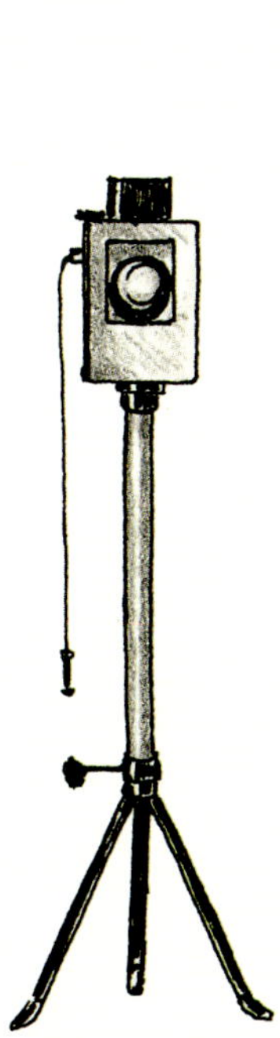

R '98

Paeonien, Terakotta und Rosen – welch wunderhübsche Zusammenstellung!

Wie traumhaft, wenn im Sommer die hellgrünen, graziösen Ranken des Weines zu mir ins Schlafzimmer schauen, während sich die hübsche Tüllgardine leise im Winde bewegt.

ALLE MEINE

schlafende Kinder einfach auf die Seite. Als es nach sechs Tagen immer noch ohne Unterlaß goß, begriffen wir, daß uns der erste Teil des Sommers keine Freude mehr bereiten würde. Ich schickte mich an, die angefaulten Blüten der Mme. Plantier zu übersehen, die Rittersporne handbreit über der Erde abzuschneiden, und sie mit aufmunternden Gedanken und einer kleinen Düngergabe zu erneutem Austrieb anzuregen.

Im Haus füllte ich alle Vasen mit großen Alchemilla-Sträußen, und war unendlich dankbar dafür, daß viele Rosen noch in den Knospen verharrten. Ich hatte also keinen Grund, besonders traurig zu sein und fing an, dem ungünstigen Wetter seine guten Seiten abzugewinnen. Ins Auto setzte ich mich, und fuhr Stätten ab, an denen ich mich schon lange nicht mehr hatte sehen lassen: Trödelläden und Flohmärkte. Mein neuestes Interessengebiet waren nämlich alte Stühle.

Wieso gehört ein hübscher Strauß immer auf den Tisch?, habe ich mich schon oft gefragt. Unser Haus ist klein und unsere Tische zum Teil auch. Bekomme ich nun bei einer Einladung gleich fünf Sträuße geschenkt, dann plaziere ich sie sehr dekorativ auch auf einem Stuhl, einem hübschen alten Stuhl, der natürlich ganz anders aussehen muß, als alle anderen im Zimmer.

STÜHLE

Ob drinnen oder draußen, oder auf der Terrasse, ergeben sich reizvolle Möglichkeiten, wenn der Platz nicht reicht. Und so bin ich immer wieder auf der Suche nach billigen, alten Sitzgelegenheiten. Übrigens ein Sammelgebiet, das noch nicht abgegrast ist. Heimlich muß ich zugeben, daß mein lieber Mann mit diesem Tick nicht so ganz zufrieden ist, denn er muß meinen »Sperrmüll« sorgfältig und auch griffbereit im Keller unterbringen.

»MAN STELLT DOCH EINEN STRAUSS NICHT AUF EINEN STUHL!«

WER IST »MAN«?

DER HOFGARTEN ZU ANSBACH IST FÜR MICH STETS EIN ANZIEHUNGSPUNKT.

Das ist die Zeit im Garten, in der viele Leute meinen, daß es nun schon nach Herbst riechen würde. Aber da melde ich Protest an.

Nie fehlen Hortensien in meinem Garten.

GEMEINSAMKEIT MACHT FREUDE

»ICH WOLLTE, ICH WÄRE ZWEI KLEINE HUNDE, DANN KÖNNTEN WIR SO SCHÖN MITEINANDER SPIELEN«, KLAGT DAS KLEINE, SICH LANGWEILENDE MÄDCHEN DER MUTTER. —

ICH WOLLTE, ICH HÄTTE EINEN GUTEN FREUND ODER EINE EBENSOLCHE FREUNDIN, DIE MIT MIR DAS GARTENINTERESSE TEILEN WÜRDE, WIRD SO MANCHE GÄRTNERIN ODER MANCHER GARTENMANN VOR SICH HINSEUFZEN.

Kuschelig und warm drängen sie sich zu zweit aneinander, die Kätzchen.

So kann also guter Rat teuer sein, wenn die Gartenfrau keinen interessierten Ehemann hat. Viele solcher Tragödien konnte ich in meinen Kursen miterleben:

Sie träumt von einem wundervoll gepflegten Garten, er aber hat keine Lust und verweigert den Beistand.

Sie möchte, wenn der Garten am schönsten ist, zuhause bleiben, er will vier Wochen an die See.

Im schlimmsten Falle ist dieser »Unhold« nicht einmal bereit, die nötigen Gelder bereitzustellen, damit wenigstens sie alleine versuchen kann, irgendwann dem Traum vom Gartenparadies näher zu kommen.

»Nein«, meint er, »man kann alles aus Stecklingen und Samen ziehen.« Die Wasseruhr hat er fest im Auge, denn man sollte natürlich nur solche Pflanzen setzen, die mit dem Wasser zufrieden sind, das der liebe Gott vom Himmel regnen läßt. Ach ja, so manch unglücklicher Seufzer liegt mir da noch in den Ohren.

Aber natürlich gibt es auch noch andere Möglichkeiten: ER ist der große Gartennarr. Und nicht nur das: Er hat sich spezialisiert, er hat ein Alpinum. Bedrückend geradezu kann das Leben an der Seite eines Alpinumfreundes sein, denn er ist selbstverständlich gleichzeitig ein Pflanzensammler. Sammeln aber, ganz gleich auf welchem Gebiet, kostet meistens Geld und auch Zeit.

Urlaub? Natürlich fährt man in Urlaub. Nur hat die Sache einen Haken, denn die Urlaubsroute wird von ihm so gelegt, daß man nicht umhin kommt, an möglichst vielen Spezialgärtnereien für Steingartenpflanzen – rein zufällig versteht sich – vorbeizuschauen. Und da schwelgt er!

Sie hat sich derweil auf einer Bank niedergelassen – wohlwissend, daß diese Exkursion Zeit kostet – und muß gefaßt mit ansehen, wie er ein Töpfchen nach dem anderen aussucht und schließlich großzügig mit einem Scheck bezahlt. »Na, diesen kleinen Spaß wirst du mir doch wohl gönnen.« Mit diesen Worten wird versucht, die leicht angespannte Stimmung bei der Weiterfahrt wieder in den Griff zu bekommen.

Hinter dieser Eingangstür darf man Gärtnerin und Gartenmann in harmonischer Einheit wissen.

Doch ich will nicht ungerecht sein, denn es gibt noch eine dritte Variante, nämlich die glückliche Lösung alles miteinander zu machen. Da fällt mir ein ehemaliger Kakteenfreund ein. Höhepunkt der Gemeinsamkeit waren die sonntäglichen Mahlzeiten, die er mit seiner verständnisvollen Ehefrau inmitten seiner stacheligen Freunde im Gewächshaus einnahm.

Bei all diesen Betrachtungen ist noch nicht an unsere Kinder gedacht. Solange der Nachwuchs klein ist und spielen und toben möchte, ist das Grundstück ein Tummelplatz, und das ist auch richtig so. Die jungen Eltern werden glücklich auf der Terrasse sitzen und ihren Kleinen beim Spielen zuschauen. Man hat sie im Auge, und es kann ihnen nichts passieren.

Schnell aber geht diese Zeit ins Land, und eines Tages erkennt man, daß die »Kleinen« größer geworden sind und den Freiraum nicht mehr nutzen. Und nun stellt sich die Frage, wie man zu einem schönen Garten kommt. Aber nicht erst dann sollte man sie erörtern. Schon lange vorher müßte der Garten ein Gesprächsthema sein. Anstelle eines Spazierganges könnte man eine Baumschule durchlaufen, mal einen anderen Garten anschauen, die Bepflanzung in Parkanlagen beobachten und sich in Ruhe auf ein Plätzchen in der Buchhandlung setzen, und sich hier in all die vielen Gartenbücher vertiefen. So wird man allmählich Interesse bekommen.

Ja, Interesse ist das Zauberwort: Es bedeutet, mit Aufmerksamkeit und Anteilnahme mitten hinein in das neue Steckenpferd »Garten« zu springen. Die entstehende Aufgeschlossenheit für dieses Thema ist bestimmend für die Freude und den Erfolg. Vielleicht sollte ich noch ein zweites Zauberwort erwähnen: Toleranz. Das heißt Verständnis für den anderen aufbringen. Der eine will Rosen, der andere Kakteen. Er träumt von Orchideen, sie von Funkien und Farnen. Also, die Wünsche des anderen gelten lassen!

So macht das Gartenleben Freude und wird das gemeinsame Beieinander zu einer beglückenden Zweisamkeit werden lassen.

LEBENSKÜNSTLER

AM HÄUFIGSTEN FINDET MAN DIE STILLVERGNÜGTEN LEBENSKÜNSTLER UNTER DEN SOGENANNTEN »KLEINEN LEUTEN«, VON DENEN ABRAHAM LINCOLN SAGT, GOTT MÜSSE SIE GERN HABEN, SONST HÄTTE ER NICHT SO VIELE VON IHNEN ERSCHAFFEN.

Man findet sie gutgelaunt bei einem Glas Wein, oder in andächtiger Betrachtung des Sonnenunterganges, oder stumm und schmunzelnd, weil sie sich gerade an etwas Hübsches erinnert haben, auch wenn es schon lange, lange her ist. Das sind die Richtigen, meint der Schriftsteller Josef Wechsberg.

ICH FAND SIE IN EINEM GARTEN – HANNE UND PAUL.

Sie sind eine Zaunbekanntschaft, und schon einige Male hatte ich vor ihrem Siedlungshäuschen geparkt, ohne jemanden zu erblicken. War es vier oder gar acht Wochen später, als ich wieder vor dem Zäunlein halte, weil ich in der Nachbarschaft zu tun hatte.Welch ein Anblick! Entzückt blicke ich in ein Meer von Blüten. Mitten aus dieser Fülle strahlt mich, wie die liebe Sonne selbst, eine muntere kleine Frau an, und ich kann mir unschwer vorstellen, mit wieviel Liebe sie die selbstausgesäten Samen aus vielen Tütchen in ihrem Frühbeet herangezogen hat, um dieses Blumenmärchen zu verwirklichen. Rosen blühen dazwischen, in himmlischem Blau strahlt der Rittersporn, Steinkraut (Alyssum) schäumt über die Beetränder, und mit beschützendem Blick wacht am Wegesrand ein großer Schäferhund über sein Frauchen.

»Darf ich später einmal hereinschauen?«, fragte ich, nachdem ich meine Bewunderung zum Ausdruck gebracht habe. Mit strahlenden Augen wurde mir dann das Türchen geöffnet, und der nun folgende Gang durch den Garten machte mich mit einer Welt vertraut, die mir zeigt, wie reich ein Leben sein kann: Ein Leben, das sich fast nur im Garten abspielt, und ein Leben, dem Urlaubsgedanken fern sind.

Hübsche Buchsbaumbögen umgeben die Hochstammrosen.

Lustig schwatzend gingen wir an all den Herrlichkeiten vorbei, die mich wenige Zeit vorher schon überrascht und entzückt hatten. Und indem wir gemütlich einen Fuß vor den anderen setzten, standen wir auf einmal vor dem erstaunlichsten Topfgarten, den man sich nur vorstellen kann. Ein Anblick, um ins Schwärmen zu geraten: Riesenexemplare von Fuchsien wechselten sich mit ebensolchen von Engelstrompeten ab. Da blühten Margeriten-Hochstämmchen, Bougainvilleaen rankten sich an selbstgefertigten Kletterhilfen in ihren Töpfen empor. In verschiedenen Farben und Formen wetteiferten Passionsblumen miteinander, und die noch nicht erblühte Bleiwurz (Plumbago) zeigte bereits, mit welcher Blütenpracht sie ihre Besitzer erfreuen würde. Zu überrascht, um mich gleich äußern zu können, starrte ich glücklichen Herzens auf diese verschwenderische Pracht. »Das ist ja phantastisch! Wie bringen Sie das fertig?«, und Frau Hanne zeigte mir nun das große Holzfaß mit abgestandenem Wasser, das gleich neben all der Üppigkeit stand. Sie vertraute mir an, daß sich in diesem Behältnis eine sehr stark verdünnte Düngerlösung befände, mit der alle Topfpflanzen jeden Tag gegossen würden. Denn, so meinte sie, einmal in der Woche eine große Portion Gänsebraten sei nicht gut verdaulich, aber täglich eine winzige Gabe wäre natürlich viel bekömmlicher und daher wirkungsvoller. Wie überzeugend!

Eine Wendung nach links ließ uns nun das wunderschönste Grün eines gepflegten Rasens betreten, und ehe ich mich versah, schaute ich in das klare Wasser eines kleinen Teiches, in das von der Seite ein Wässerchen gluckerte.
Große Bäume ließen jetzt im Abendlicht ihre Schatten auf den Rasen fallen. Verhaltenen Blickes musterte mich der heimkehrende Ehemann. Sein Ausdruck verriet leichtes Mißtrauen, doch meine neue Gartenfreundin klärte ihn schnell auf, und wissend, was ein Lächeln alles bewirken kann und welche Möglichkeiten sich bieten, wenn man mit ein bißchen Ahnung einen Imker – denn ein solcher war er – nach seinen Honigerträgen fragt, fanden wir schnell Gefallen aneinander.
In der Abenddämmerung fuhr ich nicht nur mit einem Glas Honig nach Hause, sondern auch mit dem Wissen, zwei wirklich lieben Menschen auf die Spur gekommen zu sein.

Bei meinem nächsten Besuch fiel mir auf, wieviele Rhododendron es überall im Schutz der großen Bäume gab, und schon jetzt begann ich – obwohl uns noch der herrliche Sommer mit seinem Blumensegen bedachte – mich auf das nächste Frühjahr zu freuen. Ebenfalls entging mir nicht, daß zwischen den Rhododendronbüschen Gartenschmuck stand, der mir, wo immer ich ihn finde, Unbehagen bereitet:
Da gab es kleine niedliche weiße Putten, ein schreitender Löwe schien geradewegs auf mich zuzukommen, zwei Täubchen schnäbelten zärtlich miteinander, und ein Springbrunnen aus gleichem Material und wohl ebenfalls aus Italien über uns gekommen, stand mitten im Rasen. Zwei übereinanderliegende Becken fingen das aus der Spitze sprudelnde Wasser auf. Heimlich überlegte ich, wie diese Dinge beim Fotografieren zur Seite geräumt werden könnten.

»Die gefallen Ihnen wohl nicht,« fragt Frau Hanne lachend, als ich ein Jahr später vorschlug, den Löwen lieber im Hof neben den Topfpflanzen zu postieren, und ebenso der weißen Gipsbank einen versteckteren Platz zuzuweisen. Hatte ich doch den Auftrag bekommen, mit meinen Ideen den Garten ein bißchen zu verschönern und konnte es daher wagen, diese weißen Figuren ins Gespräch zu bringen.
Im übrigen aber gilt immer: Über Geschmack soll man nicht streiten, und Toleranz muß überall am Platze sein.
So hielt Paul meinen Angriffen auf seinen Brunnen auch stand. Nach wie vor plätschert er weiter, und »hören Sie doch mal, wie lustig das Geräusch des Wassers klingt«, bedeutete er mir. Recht hat er!

Clematisbehängte weiße Holzbögen sind es, die sich vor den nicht so dekorativen zweiten Teil des Gartens schützend gestellt haben. Hier waren bisher Gemüse und Obst beheimatet. Zusätzlich steht hier eine kleine Holzlaube, die nicht nur dafür sorgt, daß der Garten in zwei Teile geteilt wird, sondern auch das wunderhübsche kleine Geheimnis verbirgt, daß sich anstelle von Obst und Gemüse entwickeln soll:
Paulchen, wie er von seiner Hanne herzlich genannt wird, hatte nämlich weitere weiße Holzbögen und Rankwände aus dem Baumarkt angeschleppt, weil der zweite Gartenteil eine grundlegende Verschönerung erfahren sollte. Die aufgestellten Holzkonstruktionen würden verbliebene Gemüsebeete, Komposthaufen und auch den Nachbarn verdecken, und wenn erst einmal die Rosen »Albertine«, »Rosarium Uetersen« und »New Dawn« ihre verschwenderische Blütenfülle über die Wände fallen lassen würden... Nun, es würde traumhaft werden. Und mit diesen Vorstellungen war es nicht schwierig, einen kleinen Bauerngarten zu entwerfen und entstehen zu lassen.

Lieber kleiner Bauerngarten

Vorher waren wir gemeinsam losgefahren und hatten gebrauchtes Kleinpflastermaterial aus Granit in einem Baugeschäft erworben. Dreimal wurde der Kofferraum gefüllt, bis die Menge ausreichte. Dieses stückweise Aussuchen hatte den Vorteil, daß wir uns die besten Steine aus großen Haufen auswählen konnten. Gebrauchtes Kleinpflaster ist von sehr viel größerem Reiz, denn es hat eine schöne abgefahrene Fläche, die beim Verlegen immer nach oben kommt.
Die starken Arbeitshände von Paul ließen zunächst einmal hübsche schmale Wege aus diesem Material entstehen.

Paulchen ist gelernter Schreiner und Flaschner, und ein richtig guter Handwerker von altem Schlag. Die Vokabeln »Sorgfalt« und »Bedacht« gehören zu seiner Lebensphilosophie, und darum sind seine gärtnerischen Tätigkeiten von vornherein gesegnet, denn nichts bekommt einem Garten besser, als gerade diese Tugenden.
Frau Hanne steht ihm treu zur Seite und in nichts nach. Als gelernte Wäschenäherin hat sie schon im Beruf viel mit auf der Nähmaschine zurückgelegten Kurven zu tun gehabt und sieht nun mit Begeisterung, wie sich auch in ihrem Garten die Rundungen mehren.
Mit Akribie umpflanzte Paul seine Wege mit kleinen Buchsbaumpflänzchen, die sich schon zwei Jahre später zu einem schönen grünen Band zusammengefügt hatten.
Mit Hanne besprach ich die Pflanzpläne. Um in den Beeten mehr Höhe zu erreichen, wurden zwei große runde Buchsbäume in hübsche Keramiktöpfe gesetzt. Noch war die Pflanzzeit für die Rosen nicht gekommen, und so wurden die Beete mit allerlei Einjährigen gefüllt. Als die Rosen dann schließlich gepflanzt waren, schlummerte das »Gärtle« seinem ersten Winter entgegen. Um seinen Charme auch in der dunklen Jahreszeit zu erhalten, setzten wir einige lustig bemalte Blechhühner in die Beete. Jedes Frühjahr werden sie wieder eingezogen und ruhen auf dem Dachboden dem nächsten Winter entgegen.

»Jetzt könnten wir eigentlich noch im vorderen Garten mit einer Veränderung beginnen«, meinte Hanne. Aber da wurde Paulchen unwirsch, und die liebe kleine Ehefrau stieß mich heimlich an und kuschte klug.

Und was tun diese beiden Gärtner im Winter? »Wir machen es uns gemütlich«, lächelt Hanne, und Paul meint weise: »Ich habe immer etwas zu tun. Innenarbeit gibt es den ganzen Winter.«. Wundervoll duftet es im Advent in der kleinen Küche, denn schon Ende November wird mit dem Kneten der Teige für die Weihnachtsbäckerei begonnen. Paulchen mahnt sich sehr frühzeitig seinen Quarkstollen ein, und ebenso ist er darauf bedacht, die köstlichen Lebkuchen frühzeitig in Angriff zu nehmen. »Sie müssen nämlich sehr lange liegen«, klärt er mich auf. Eine wichtige Aktion sind auch die Weihnachtsgans und die dazugehörigen Kartoffelknödel. Von Hand gemacht, versteht sich. Silvester wird gleichfalls ruhig und gemütlich verbracht. Während Hanne nun mit unendlicher Ausdauer an ihren auf Stramin vorgezeichneten Blumenbildern stickt, wälzt der tüchtige Garten-Ehemann bereits Samen- und Pflanzenkataloge.

»Ihr Garten hat in seinem vorderen Teil zu wenig Höhe«, stelle ich an einem Sonnentag im Februar fest, und da uns das Gartenleben schon wieder ein ganz schönes Stück in seinen Bann gezogen hat, liegt der Besuch einer Baumschule nahe. Eisig weht der Wind, als wir, warm angezogen, durch die vielen Anpflanzungen laufen, den Blick immer aufwärts in die Baumkronen gerichtet.
Es muß ein Hochstamm sein, damit darunter ein Bänklein stehen kann. Der Baum darf nicht riesig werden, er soll schön blühen und die Herbstfärbung muß entzücken.
Welchen Baum wählen wir schließlich? Eine Felsenbirne (Amelanchier)!
Wir dachten, daß dieser Baum unseren Ansprüchen am nächsten kommen würde. Einen Nachteil könnte er haben: Denn blaue Beeren, vitaminhaltig und wohlschmeckend, sind eine seiner Zierden im Sommer. Herabfallende Beeren aber würden sicher auf einer Holzbank Flecken erzeugen. »Ach«, sagt Frau Hanne, »das macht doch nichts, dort sitzen wir sowieso nie, es ist einfach nur ein hübscher Platz zum Anschauen.«

Und wieder ist ein Frühling gekommen. Die Felsenbirne hat mit weißen Blütentrauben nur so um sich geschäumt. Paul hat einen winzigen Weg zum kleinen Bänklein schwingen lassen und auch hier einfach unregelmäßige Porphyrplatten verlegt und die Zwischenräume mit kriechendem Thymian (Thymus serpyllum) bepflanzt. Gemeinsam haben wir Rosen ausgesucht. Rosen, die wenig Schwierigkeiten machen. Da gibt es »The Fairy«, »Bella Rosa«, »Heidetraum«, »Snow Ballet« und »Bonica« (Auf die Höhen achten!). Im Hintergrund stehen »Aloha« und die geradezu fabelhafte Rose »Heidi«, die nicht nur den ganzen Sommer über gesund bleibt, sondern auch ununterbrochen blüht. Problemlose Stauden wurden ihnen zugesellt: Frauenmantel (Alchemilla mollis), Salbei (Salvia nemorosa), Schleierkraut (Gypsophila), Lavendel (Lavandula), auch Ochsenzunge (Anchusa) mit herrlichem Blau und anderes mehr.

Bei meinem letzten Besuch aber stellte ich fest: »Man kann Euch nicht alleine lassen.« War doch Frau Hanne auf den Wochenmarkt gegangen und hatte eingekauft: Geranien, Begonien, knallrote Salvien (Salvia splendens). Und wohin hatte sie die ganze Pracht gepflanzt? Mitten zwischen die Rosen. Ist es ein Wunder, daß ich in lautes Protestgeschrei ausbreche? Bei aller Freundschaft, das geht nun wirklich nicht. So wandert die Geranienpracht mit ihrer übrigen Begleitung in Schalen und wird dem Topfgarten zugesellt. Für das Beet aber verordne ich meiner Frau Hanne einjährige, niedrige Fächerblumen, die sich mit ihren blauen Blüten zwischen Rosen und Stauden durchrecken und den Garten bis in den tiefen Herbst mit ihrem Anblick bereichern.

Ein lustige Blechhühnerfamilie steht auch bei Hanne und Paul im winterlichen Gärtchen.

Immer wieder schaue ich gern zu meinen beiden lieben Leuten herein. Gemeinsam überlegen wir, wie der Garten im nächsten Jahr aussehen soll, und wir wissen schon, daß noch viel mehr Hortensien gepflanzt werden sollten.

So gehen wir wieder durch den Garten und suchen, wo sich noch freie Plätze finden lassen. Manchmal begleitet uns Hannes treuer Ehemann auf diesen Gartenrundgängen, und so nebenbei erfahre ich dabei, in welch einer Armut er hier als Kind aufgewachsen ist. Blumen gab es damals keine. Es wurden Kartoffeln gepflanzt, denn solange man genügend Kartoffeln habe, brauche man nicht zu hungern, war die Aussage der sorgenden Mutter. Die alten Ställe, die noch an der hintersten Seite bestehen und heute zum Aufbewahren der Gartengerätschaften dienen, zeugen davon, daß hier einst in erster Linie an das Stopfen hungriger Mäuler gedacht werden mußte. Es gab Hühner und Kaninchen, und auch eine Ziege wurde gehalten. Auf dem Dach gurrten die Tauben, und das Gesumme der Bienen begleitete den Hausherrn schon als Kind.

Vieles hat sich verändert, geblieben sind Hanne und Paul die Fähigkeit, Lebenskünstler zu sein, und das Leben dort zu genießen, wo es am naheliegendsten ist: Vor der eigenen Haustür, im eigenen Garten.

Der Schriftsteller Josef Wechsberg übrigens hat noch einen Tip bereit für Lebenskünstler und solche, die es gern sein würden:
»Man braucht nur zwei frische Eier und etwas Milch«, sagt er.
»Der Pessimist trinkt die kalte Milch und nimmt sich die Eier hartgekocht auf die Wanderschaft mit, man weiß ja nicht, wann man sie brauchen wird.
Der vorsichtige Optimist ißt die Eier kernweich und trinkt nachher ein Glas warme Milch. Das soll, sagt man, gesund sein.
Der Lebenskünstler, der die Dinge richtig studiert hat, weil er weiß, daß er dann mehr davon hat, separiert zunächst die Dotter und das Eiweiß und macht dann aus den Eiern und der Milch ein köstliches Soufflé.«

Hier fühle ich mich wohl.

WASSER

Vor dem Besuch eines Kinofilmes stecke ich mir vorsichtshalber eine Sonnenbrille ein. Denn leider ist es mir nicht gegeben, meine Tränen mit Anstand zu vergießen. Noch am nächsten Tag erkennt man Spuren meines Angerührtseins an den Augen. Mein Vater verweigerte meiner Mutter letztendlich die Begleitung in Sinfoniekonzerte, weil es ihr unmöglich war, bei den Klängen von Mozart oder Beethoven die Tränen zurückzuhalten, und sie anschließend genauso unmöglich aussah, wie ich nach ähnlichen Angriffen auf meine Gefühlswelt. Natürlich habe ich auch ein Repertoire von Liedern, die mich mit ähnlichen Erscheinungen aufwühlen können. Dazu gehört »Wo die Nordseewellen trekken an den Strand.« Vor mir sehe ich Wasser, höre schreiende Möwen, schaue auf Schiffe, sehe vom Wind geblähte Segel und höre das warnende Tuten der Dampfer. All die Stätten, wo ich als Kind zuhause war, kommen mir in den Sinn, und ich bin zu Tränen gerührt. Doch immer hat alles mit Wasser zu tun.

Als sehr kleines Mädchen lieferten mich meine Eltern jeden Sommer bei den Großeltern in Plön ab. »Sie braucht Luftveränderung, sie ist dünn wie ein Faden, sie muß mehr essen!« Mein liebevoller Großvater erzählte mir immer wieder das Märchen vom Schlaraffenland. Ganz erstaunlich fand ich es, daß man sich durch riesige Grießbreiberge durchfressen konnte, und dann immer noch soviel Hunger hatte, um sich hernach an gebratenen Tauben zu laben. Aber auch mit einem gebratenen Täubchen ohne Grießbrei war ich nicht zu locken.

Nachmittags fuhr ich mit Mütterchen und Väterchen mit dem Dampfer über den Großen Plöner See. Die Prinzeninsel war unser Ziel, mit dem herrlich weißen Sandstrand, der mich aber erst in späteren Jahren zum Baden und Schwimmen anzog. Das Ziel meiner Großeltern war das niedersächsische Bauernhaus an der Südspitze der Insel. Hierhin ging man zum Kaffeetrinken, und hier saßen wir nun im Garten vor dem hübschen Haus.

Vor uns weideten prächtige Kühe, und gleich davor glitzerte der See. »So Ingelein, nun trink schön deine Milch, und wenn du deine Rosinenbutterbrote aufgegessen hast, darfst du aufstehen«, so hieß es immer. Dann rutschte ich befreit von meinem Stuhl herunter, lief am Weidezaun entlang zum See, und gelangte hier an das Ziel, das in meinem Herzen keinen Wunsch mehr offen ließ: Der kleine Pavillon, einstmals Lieblingsplatz der Kaiserin.

Längst ist die Sonne hinter den Bergen versunken, und Abendnebel legt sich auf die Wiesen.
Die vergreisten Weiden beugen sich im blauen Tal schwer über das Flüßchen.
Ein Bild, das besinnlich macht und manchen auch traurig stimmt.

All das Glück, all der Zauber, den ich hier erlebte, ruht noch lebendig auf dem Grund meiner Seele. Tief aufatmend vor innerem Glück setzte ich mich in das schilfgedeckte Hüttchen. Vorher hatte ich mit einem Stein einen Kreis um meine Glücksstätte gezogen. Nun war es mein Haus und mein Garten ringsherum, den ich mit abgepflückten Butterblumen und Gänseblümchen besteckte. Mindestens eine Stunde konnte ich traumselig in den sich leicht kräuselnden oder auch spiegelglatten See schauen. Riesige Steine lagen verstreut am Ufer, und kleine bunte Kiesel bedeckten den Grund des flachen Wassers. Zart strich der Wind durch einen Schilfgürtel, in dem sich oft eine Ente mit ihren Jungen versteckte, und die paradiesische Stimmung wurde manchmal noch durch ein leise dahingleitendes Segelboot erhöht. Und wieder, immer wieder plätscherte das Wasser sanft über die Steine, kräuselte sich an der Oberfläche, wenn ich auf der Bank vor dem Hüttchen saß und meine Beine selbstverloren über dem Sand unter mir baumeln ließ.

»Wenn die Sonne morgen wieder scheint, und wenn du schön ißt, fahren wir wieder hierher«, versprachen meine Großeltern. Und ich hopste glücklich neben ihnen nach Hause.
Aber es gab auch die anderen Tage, an denen ein wilder Wind in die zerzausten Büsche fuhr, und die Balken der Hütte ein ächzendes Geräusch von sich gaben. Große Wellen spritzten ans Land. Solche Tage mochte ich nicht, und sehr schnell lief ich wieder zu Mütterchen und Väterchen zurück.

»So sah er einst aus, der Lieblingsplatz der Kaiserin Auguste Viktoria, auf der Südspitze der Prinzeninsel im Plöner See.
Auch mich zog es als Kind immer wieder hier her, um an diesem besonderen Ort vor mich hin zu träumen«.

Noch liegt leichter Morgendunst über dieser reizvollen Anlage.

Der Anlage und Gestaltung eines eigenen Wassers muß viel Liebe gewidmet werden. Die Gestaltung des Ufers benötigt große Bedachtsamkeit. Die Auswahl von passendem Gestein um den Teichrand erfordert viel Aufmerksamkeit. Rundgeschliffene Kiesel, ob größere oder kleinere, gehören nicht an den Teichrand, jedenfalls nicht sichtbar, sondern sind einer Bachsituation vorbehalten! Nur in fließendem Wasser entstehen abgerundete Kieselsteine.

Es ist eine reizvolle Beschäftigung, selbst auf die Suche nach geeignetem Steinmaterial zu gehen. Keinesfalls sollte man einen Kalksteinbruch ansteuern. Sandsteine aus der näheren Umgebung, wie sie die Bauern aus ihren Äckern holen und am Rand ablegen, größere Granitsteine aus Gebirgsbächen oder Geröll von Halden, sind das Richtige. Unbedingt zu vermeiden ist das Nebeneinanderlegen gleichgroßer Steine. Jede Symmetrie wirkt langweilig.

Die größten Steine, die wir benötigen und gerade noch bewältigen können, sollten einen Durchmesser von 35-50 cm haben. Dazu brauchen wir auch kleine und kleinste Steine in der Größe einer Kinderfaust. Wir müssen eine Stelle festlegen, an welcher die markantesten 2 oder 3 Steine plaziert werden. Sie bilden die höchste Stelle der Umrandung. Daneben kleineres Material, das man auch unsichtbar zusammenbetonieren kann. Immer ist unbedingt auf die Unregelmäßigkeit der Anlage zu achten. Optische Harmonie ist oberstes Gebot!

Wenn ich empfehle, sich dabei eines guten Fachmannes zu bedienen, dann bezieht sich das nicht nur auf den technischen Teil, sondern ebenso auf die Bepflanzung und auf den Besatz mit Fischen.

Lassen Sie sich immer erst drei Teichanlagen des von Ihnen erwählten Teichspezialisten zeigen, und dann erst entscheiden Sie: Will ich das so? Der Satz »der ist aber billiger«, klingt mir in den Ohren. Aber ist er auch besser? Ich schaue in viele Teiche, und oftmals kann ich nur traurig mit den Schultern zucken.

Wer schwindelfrei ist, kann diesen hübschen Teich auf breiten Steinen überspringen.

Dies ist der Lieblingsplatz meiner Gartenfreundin Elke. Mit verträumten Blicken schaut sie ihren Fröschen und Fischen zu, während Kätzchen Tini sanft ihre Beine umschmeichelt.

Wie reizend ist solch eine Teichsituation!

Gerne kommen hier die Vögel zum Trinken und Baden.

»Sie haben mir ja gar nicht erzählt, wieviel Ärger ich mit Algen haben würde«, sagte mir vorwurfsvoll eine Teichbesitzerin, deren Teich ich angelegt hatte. »Ich komme und schaue mir die Katastrophe an«, denn um eine solche handelte es sich inzwischen. »Ja, du liebe Zeit, hatte ich denn nicht ausdrücklich erklärt, was man machen darf und was nicht? Kann sich denn keiner vorstellen, welche Verunreinigung so viele Fische mit ihrem Kot im Wasser verursachen?«, frage ich, und schaue fassungslos in das grüne, total veralgte Wasser. Neblig verschwommen ahnt man eine Flotte von Goldfischen, die – und darauf ist die Besitzerin ganz stolz – sich auf Klopfzeichen an einer Stelle versammeln und gierig nach dem reichlich ausgestreuten Futter schnappen.

Auch Gartenfreundin Antje ließ eines schönen Tages mehrere Graskarpfen in ihrem Teich verschwinden. Sie sollten die hübschen Algenbündel verspeisen, die an verschiedenen Stellen im Wasser schwammen und eigentlich anzeigen, daß hier alles in Ordnung ist. Nach zwei Jahren war nichts mehr in Ordnung, das Gewässer erschien braun und undurchsichtig, und Antje war unglücklich.

Die Graskarpfen waren inzwischen erwachsen geworden und wühlten den Teichgrund zu unterst und zu oberst durch. Antjes Ehegesponst trat nun mit Angel und Kescher in Aktion. Ohne Erfolg. Ein Teichbauer wurde bestellt, der den Fischen mittels Elektroschock beikommen sollte. Die Graskarpfen »lachten« nur darüber, die Moderlieschen allerdings schwammen für eine Weile benommen an der Oberfläche herum.
Erst der kommende Winter brachte die Graskarpfen-Erlösung: Der Teich fror zu, die Karpfen kamen wegen Luftmangels nach oben. Ein starker Frost ließ sie zwischen zwei Eisschichten geraten, und sie erstickten und erfroren, und damit war der böse Traum zu Ende. Im Frühjahr wurde das Wasser wieder sauber, und nun dürfen sich hier nur noch Moderlieschen aufhalten, die übrigens im Winter so klug sind, gar nicht erst an der Oberfläche zu erscheinen.

In der Morgenfrühe warte ich hier auf die Gartenfee.

EIn ganz lieber Gartenfreund hat mir versprochen, bei der Anlage eines solchen kleinen Bächleins zu helfen.

Fast jedes Jahr verändere ich den Sitzplatz an unserem Gartenteich.

Wem die Klarheit seines Wassers wichtig ist, der sollte auf im Schlamm wühlende Goldfische und jegliche Art von Karpfen und Rotfedern verzichten. Der zu beachtlicher Größe heranwachsende, reichliche Nachwuchs mit seinem erheblichen Stoffwechsel wird das Wasser belasten und große Probleme aufwerfen. »Keine Sorge, die angle ich alle wieder heraus«, sagte mir ein Goldfischteich-Besitzer. Nun, er wird sich wundern, dieser Petrijünger, auch ein Goldfisch ist nicht mit Dummheit geschlagen: sobald er merkt, daß sich die Anzahl seiner Teichgenossen verringert, wird er nicht mehr anbeißen. Gegen wenige Goldorfen und einige Moderlieschen ist nichts einzuwenden. Aber damit sollte man warten, bis sich im Teich auch anderes Leben entwickelt hat. Gefüttert werden sollte grundsätzlich nicht, denn im Wasser ist genügend Nahrung vorhanden.

Leise plätschernde Brunnen, winzige Bachläufe, ein stiller Teich, ein Quellstein, aus dem das Wasser gluckert – wie sehr vermag mich das zu verzaubern. Ich komme ins Träumen, und sehe mich und meinen kleinen Sohn Andreas in einem leise gurgelnden Bach in der Rhön von einem Stein zum anderen springen: »Mami, hopp«, rief er mir immer wieder zu, obwohl ich schon fast nicht mehr konnte. Forellen schnellten an uns vorbei, und am Uferrand standen kleine schillernde Stichlingsmännchen und behüteten ihre Weibchen und Gelege. Wie lange ist das her?
Weiter trödeln meine Gedanken in die Vergangenheit, und ich sehe uns beide über eine gelbe Trollblumenwiese laufen. »Mami hopp«! Wieder überspringen wir ein murmelndes Bächlein und starren gebannt auf einen kleinen Wasserfall. Beglückender Tag!

Und auf einmal habe ich wieder eine Idee: Ein kleines Bächlein könnte sich durch den Rasen in den unteren kleinen Teich schlängeln. Ein leise gluckerndes Geräusch sollte zu hören sein.
Wann? – Gleich, im Frühling natürlich!
Klares Wasser, und kleine gelbgerandete Ufer seh' ich bereits vor mir.

EINE ROMANTISCHE STIMMUNG,
DIE ICH MIR IN ZAHLREICHEN GÄRTEN
WÜNSCHEN WÜRDE.

FACHWERKROMANTIK

Was mag dahinter sein ? –

Neugierig wird sich dies der aufmerksame Betrachter fragen, der vor dem großen, grünen Holztor verhält, und versucht durch die engen Zaunstäbe einen Blick in das Geheimnis zu erhaschen. Erschreckt wird er zurückfahren, wenn urplötzlich, mit unglaublich lautem Gebell, ja mit geradezu unerhörtem Gekläff zwei Miniaturhunde an der hohen Pforte emporspringen. Erst wenn das Frauchen naht, und diese beiden Wollknäuel zur Ruhe gebracht hat, kann der Besucher eintreten. Und wenn er nur ein bißchen Schönheitsempfinden hat, wird er sprachlos stehenbleiben.

Ein Gärtlein liegt vor ihm, ein Zwergengärtlein von märchenhafter Schönheit und Üppigkeit. Unwiderstehlich wird er seine Schritte zu den buchsbaumumrandeten Beeten lenken. Hingerissen wird er im Frühling auf die Vergißmeinnichtpracht starren, die zärtlich verschiedene Tulpeninseln umschmeichelt.
Wie macht sie es nur, diese Hannelore Greschat, daß das ganze Jahr über solch ein unvergleichlicher Charme dem ganzen Anwesen innewohnt?

Das schöne und gemütlich wirkende Fachwerkhaus stammt aus dem 16. Jahrhundert, und wurde von einem tüchtigen Architekten, nämlich ihrem eigenen Mann, mit ungeheuren Mühen in den heutigen Zustand versetzt. Das kleine Hotelchen, das die Hälfte des Hauses einnimmt, darf man als einen Geheimtip betrachten. Doch wollen wir weiter dem Gartenzauber erliegen.

Kann man sich vorstellen, was sich hier alles im Sommer ereignet? Nein, es ist unvorstellbar. Wenn der Holunder blüht, gibt sich das Gärtchen noch weitgehend grün. Kurze Zeit danach aber stellt sich eine tolle Veränderung ein: der Garten explodiert! Stauden und Rosen haben sich angeschickt, dem Besucher zu zeigen, was in diesem kleinen Fleckchen steckt. Und das gelingt ihnen gründlich.

Schmetterlingsleicht biegen sich im Bauerngärtlein
die Tulpenköpfe über die vielen Vergißmeinnicht.

Gartenzauber –

»Was hat ein Gärtner zu reisen!«

Nur durch die schmalen Zaunstäbe kann man etwas von diesem kleinen Gartengeheimnis erspähen.

Vielerlei Blumen schleppt die eifrige Besitzerin von mancherlei Pflanzenquellen nach Hause. Liebevoll werden diese Schätze in Töpfe gepflanzt, und finden ihren Platz zwischen den Beeten und längs der Buchsbaumkanten, ja, jedes Eckchen wird mit Blüten geschmückt.
Vor heißer, sengender Mittagssonne schützt eine Linde, die durch Schnitt klein gehalten werden soll. Man muß wünschen, daß das auch gelingt. Am Nachmittag scheint dann wieder »Gottes Sonne auf Gottes Land«, und im Gärtchen finden sich nun auch die beiden Katzen Missy und Kelly ein. Schmeißt sich Missy liebend gerne, zum Ärger der Hausherrin, mitten in die Katzenminze, so bevorzugt Kelly anstandsvoll die Ränder der Buchsbaumhecken, wo sie je nach Bedürfnis vom Schatten in die Sonne wechseln kann.
Gerne setze ich mich in einen der bequemen Stühle, um die kleine Welt rings um mich herum zu betrachten und zu genießen. Sunny und Tinka, die beiden Miniaturhunde, lagern sich derweil zu meinen Füßen. Behaglich dösen sie vor sich hin, während ich die Geruhsamkeit voller Glück in mich aufnehme. Oft darf ich abends Gast sein, dann, wenn es in dem kleinen Innenhof köstlich nach Gegrilltem riecht, und der wunderbare, rauchige Fleischduft in durchsichtigen Schwaden über den Garten zieht.

Wie gerne bleibe ich unter diesem Fenster sitzen, und lasse mich, von Bienengesumm und Rosenduft träumend in eine wohlige Müdigkeit sinken.

Den Besen überreichte ich dem Hausherrn zum Geburtstag, denn das Kehren der Steinwege darf ruhig Männerarbeit sein.

Tinka und Sunny hat der liebe Gott extra für diesen Garten erschaffen.

Am runden Tisch vor der alten Mauer werden die eigenen Kinder und Freunde des Hauses oft mit allerlei Köstlichem bewirtet.

Obwohl Hannelore Greschat behauptet, daß Sunny dumm sei, versetzt er mich so manches Mal in Erstaunen. Vor einiger Zeit fotografierte ich beide Hunde, und setzte sie dazu auf den Gartentisch. Zunächst wurde Widerspruch erhoben, denn keiner wollte sitzenbleiben. Es dauerte eine ganze Weile, bis ich sie überlistete. Danach aber schien Sunny, ein Shi-Tzu, – übrigens männlichen Geschlechts – das Spiel zu gefallen. Immer wieder sprang er bei meinen Besuchen auf den Tisch, warf sich in Pose, und schaute mich erwartungsvoll an. »Sunny, komm wieder herunter, Frau Tschakert fotografiert dich heute nicht.« Lachend ›pflückt‹ Frau Greschat ihn wieder von der Tischdecke. Doch jedesmal wiederholt sich der gleiche Vorgang. Sunny steuert den Tisch an, sobald er meiner ansichtig wird, und erwartet, daß ich meine Kamera in Stellung bringe.

Tinka, eine Hundedame aus dem Geschlecht der Lhasa Apsa, ist, obwohl von Statur kleiner, gescheiter, und geht mir nicht auf den Leim. Nein, sie springt mir, sobald ich mich hingesetzt habe, auf den Schoß. Nicht lange dauert jedoch diese Liebe, denn kaum hört sie draußen Leute vorbeigehen, stürmt sie, hysterisch kläffend, hinunter und schießt wie ein Pfeil auf die Eingangstür zu. »Sie ist eben ein Weib«, bemerkt der Hausherr sarkastisch.

Wunderhübsch lassen sich die efeuumrankten Fenster schmücken.

So stellt sich das Gärtchen im Herbst dar. Kann man sich etwas Reizvolleres denken?

Wenn draußen längst ein kühler Herbstwind über die Felder weht, zeigt sich das Gärtchen immer noch heimelig. Die meisten Sommerblumen sind zwar verblüht, doch mit Geschick versteht es Frau Hannelore, dem Sommer noch ein Schnippchen zu schlagen. Vom Blumenmarkt fährt sie dicke Chrysanthemenbüsche nach Hause, und verschwenderisch verteilt sie die üppigen Blumentöpfe im Garten.
»Hier ist es gut sein«, muß jeder denken, der an der warmen Mauer wohlig noch ein Stündchen sein Gesicht der Herbstsonne zuwendet.

Immer wieder möchte ich allen Gartenbesitzern zurufen:
Macht es euch schön, macht es euch gemütlich im Garten, denn nur hier werden wir die köstliche Ruhe geschenkt bekommen, die uns draußen in der Welt keiner mehr geben kann.

FRANK

»DU HAST GAR NICHTS VON FRANK ERZÄHLT, WIE SCHADE!«, BEANSTANDEN FREUNDE UND BEKANNTE.

NEIN, ER IST LEER AUSGEGANGEN IN MEINEM ERSTEN BUCH. UND ICH WILL ES JETZT NACHHOLEN.

Frank ist mein erstgeborenes Kind, und eine ungewöhnliche Zusammengehörigkeit verbindet uns schon ab dem ersten Tag seiner Geburt.
Während ich am Vergrößerungsgerät arbeitete und die Bilder im Entwickler bewegte, stand er in seinem Bettchen neben mir und schaute meiner Tätigkeit verständnisvoll im verdunkelten Zimmer zu. Als ich eines abends von einem Fototermin heimkehrte und mich über sein Bettchen beugte, schlug er seine großen Augen auf. Lächelnd sah er mich an, nahm mein Gesicht zwischen seine beiden kleinen Hände und fragte: »Mami, warum bist Du so schön und die anderen Kindergartenmütter nicht?« »Liebling«, antwortete ich, »die anderen Mütter sind genauso schön, aber ich bin eben deine Mami, und die eigene Mami ist immer am allerschönsten«.

Als ich während einer lange währenden Scheidungszeit viel, viel Kummer hatte, stand er als zwölfjähriges Kind schon rechtzeitig vor der Schule auf und brachte mir einen Tee ans Bett. Er sah und fühlte, wie es um mich stand. Wenn er mittags nach Hause kam, hatte ich wieder soviel Kraft, um die Unbillen der Schule anzuhören und zu trösten. Und so wechselten wir uns im Füreinanderdasein stets ab.

Heute ist er mein allerbester Freund, der – obwohl in Spanien lebend – stets für mich da ist.

Leider konnte ich ihm keinerlei Garteninteressen mit auf den Weg geben. Mit etwas Lesbarem in der Hand ist er aber derjenige, der stets den Garten aus dem Liegestuhl heraus zu genießen weiß.

So sieht Franks Umgebung in Spanien aus. Die üppige Pracht der Mittagsblumen erstaunt immer wieder.

MEIN ALTER BAUM

MEIN BAUM IST ERGRAUT. VORSICHTIG STREICHE ICH MIT MEINER HAND ÜBER SEINE RAUHE RINDE. ER TEILT DAS SCHICKSAL, DAS UNS ALLEN ZUTEIL WIRD: ER IST ALT GEWORDEN.

Wenn ich seine Sprache verstehen könnte, würde er sicher viel zu erzählen wissen –

Von Ziegen und Pferden, die an seinem zunächst noch jugendlichem Stamm angebunden wurden –

Vielleicht gab es eine Mutter, die weinend unter seinem Blätterdach saß und um ihr totes Kind trauerte –

Von müden Knechten und Mägden, die in seinem immer größeren Schatten eine kurze Mittagsrast hielten –

Von lustigen Kindern, die sich an den Händen hielten und fröhlich um seinen dicken Stamm tanzten –

Von flüsternden Liebespaaren, die sich hier bei schwindendem Licht trafen –

Und vielleicht auch von einem alten Mann, der sich, müde auf seinen Stock gestützt, an den breiten Stamm lehnte.

Seine Jugend konnte sich mein Baum nicht bewahren, aber seine Schönheit wuchs, je reifer und älter er wurde. Noch treibt er im Frühling grüne Blätter, obwohl sein Innenleben ausgehöhlt ist, und man ahnt, daß das Lebensende nicht mehr fern ist. Ein Sturm wird leichtes Spiel mit ihm haben.
Mag sein, daß sein Holz brennend in einem Kamin knistern wird, und die Wärme seiner Glut einen fröstelnden Menschen umschmeichelt.

Die jungen Leute von heute verhalten sich bei dem Wort »Alter« so, als wenn es sich dabei um eine unheilbare Hautkrankheit handele, von der sie niemals befallen würden. Sie sollten doch daran denken, daß sie die »alten Herrschaften« von morgen sein werden und ihre leichtfertigen Reden, wenn sie gegen das Alter antreten, des Öfteren bezähmen.
Jedes Lebensalter hat seine Schönheit. An der Entwicklung unserer Pflanzen können wir das erkennen.

Einst fragte ich meinen Vater, als er glücklich an seinen Rosen herumschnitt, ob er sich gerne noch einmal fünfunddreißig Jahre zurückversetzt fühlen möchte. »Nein«, erwiderte er bestimmt. So unreif wollte er nicht nochmals sein! Jungsein hat eben nichts mit Jahren und faltiger Haut zu tun. Jungsein ist eine Geisteshaltung, die man sich täglich erarbeiten und erhalten kann. Zu spät ist es dafür nie!

Besonders schön ist mein alter Baum, wenn die Morgensonne ein frühes Licht durch das Blättergewirr schickt.

DIE EINZIGE FREUDE AUF DER WELT IST DAS ANFANGEN.
ES IST SCHÖN, ZU LEBEN, WEIL LEBEN ANFANGEN IST,
IMMER, IN JEDEM AUGENBLICK.

CESARE PAVESE

Mehr und mehr Grauensberichte, aus der täglichen Morgenzeitung in uns aufgenommen, können unsere Seele nicht glücklich machen. Niedergedrückt beginnen wir dann den Tag und sind nicht mehr fähig, all die Schönheit um uns herum zu sehen.

Wer immer jammernd auf sein zunehmendes Alter hinweist, wird dem Alter unterliegen. Wer jeden Tag mit Freude und frohen Gedanken beginnt, wird sich Jugendlichkeit bewahren.
Erinnern wir uns doch, was der Schmetterling im ersten Kapitel zu uns sagte: Leben ist nicht genug! Sonnenschein, Freiheit und eine kleine Blume muß man haben.

Ob mein alter Baum wohl auch Zwiesprache mit der kleinen Eintagsfliege gehalten hat?
Vielleicht können wir uns an dem Gespräch erwärmen, das im Märchen von Hans Christian Andersen der alte Eichbaum jeden Tag aufs neue mit der Eintagsfliege führte:

Manchen warmen Sommertag hatte die Eintagsfliege um seine Krone getanzt, gelebt, geschwebt und sich glücklich gefühlt, und ruhte dann das kleine Geschöpf einen Augenblick in stiller Glückseligkeit auf einem der großen frischen Eichenblätter, dann sagte der Baum immer:
»Du armes kleines Wesen! Nur einen Augenblick währt dein ganzes Leben! Wie kurz doch! Es ist traurig!«
»Traurig?« antwortete dann immer die Eintagsfliege. »Was meinst du damit? Alles ist ja so unvergleichlich licht und klar, so warm und herrlich, und ich bin so froh«.
»Aber nur einen Tag, und dann ist alles vorbei!«
»Vorbei?« sagte die Eintagsfliege. »Was ist vorbei? Bist du auch vorbei?«
»Nein, ich lebe viele Tausende von deinen Tagen, und mein Tag umfaßt ganze Jahreszeiten. Das ist etwas so Langes, daß du es nicht auszurechnen vermagst!«
»Nein, denn ich verstehe dich nicht! Du hast Tausende von meinen Tagen, aber ich habe Tausende von Augenblicken, um darin froh und glücklich zu sein! Hört alle Herrlichkeit dieser Welt auf, wenn du stirbst?«
»Nein«, sagte der Baum, »sie besteht sicher länger, unendlich länger, als ich denken kann!«
»Aber dann haben wir ja gleichviel Lebenszeiten, nur daß wir verschieden rechnen.«

Und die Eintagsfliege tanzte und schwang sich in die Luft empor, freute sich ihrer feinen künstlichen Flügel, freute sich in der warmen Luft, die mit dem Duft aus den Kleefeldern und den wilden Rosen und Kaprifolien, um gar nicht von dem süßen Geruch des Waldmeisters und der wilden Krauseminze zu reden, durchwürzt war. Der Duft war so stark, daß die Eintagsfliege glaubte, davon einen kleinen Rausch bekommen zu haben.
Der Tag war lang und herrlich, voller Freude und süßen Gefühls, und sobald die Sonne sank, fühlte sich die kleine Fliege so behaglich müde von all der Lust und Glückseligkeit. Die Flügel wollten sie nicht länger tragen, und ganz leise glitt sie auf den weichen schaukelnden Grashalm hinab, nickte, wie nur sie nicken kann, und schlief dann fröhlich ein. Das war der Tod.

»Arme kleine Eintagsfliege!« sagte der Eichbaum, »es war doch ein allzu kurzes Leben!«

Und jeden Tag wiederholte sich derselbe Tanz, dasselbe Gespräch, dieselbe Antwort und das gleiche Hinüberschlummern; es wiederholte sich in allen Geschlechtern der Eintagsfliegen, und alle waren sie gleich glücklich, gleich froh.

Zärtlich und anmutig geben sich die hübschen
Gräser neben der alten Baumgestalt.

ZWEI FREUNDINNEN

Als ich Conny kennenlernte, lebte sie in einem bezaubernden, wunderschönen, kleinen Reihenhausgarten. Grüne Finger, große Begeisterung, vielerlei Lieben zu Pflanzen waren ihr in die Wiege gelegt worden. Kein Wunder also, daß ich meinen Ohren nicht traute, als Conny eines Tages kundtat, daß sie beabsichtige, Haus und Garten zu verkaufen, um ein weitläufigeres Grundstück zu erstehen. Wollte sie tatsächlich von dieser Schönheit Abschied nehmen? Aber der gegenwärtige Garten war ihr zu klein, sie konnte sich mit weiteren Rosen nicht mehr ausbreiten, kurzum, sie wußte ihrem Ehemann klarzumachen, daß man neues Land in Sicht nehmen müsse. Nicht lange danach war zu hören, daß das unnachgiebige Wesen Conny das gefunden hatte, was sie suchte. Man traute wiederum seinen Ohren nicht, als man vernahm wo: ganz oben, in der fränkischen Schweiz, ein waldbestandener, aufgelassener Steinbruch!

Das Roden der Bäume, hernach die Aufgabe, Steinmauern zu bearbeiten und Wege zu bauen, waren Arbeiten, für die in früheren Zeiten Sklaven herhalten mußten. Ebenso hing die bange Frage in der Luft, ob sich danach überhaupt eine geeignete Stelle für den Hausbau finden würde.
Hier aber wurde in langen Zeitabläufen alles allein gemacht! Auch für schier unüberwindbare Probleme gab es eine Lösung. Brücken und Stege wurden gebaut – schon neigen sich Rosensträucher alter Sorten über felsiges Gemäuer. In zwei übereinander angelegten Teichen blühen Seerosen, und ich verfolge die weitere Entfaltung mit Spannung.

Stein um Stein schichtete Conny Tag für Tag aufeinander.

In zwei Jahren werden alle Zwischenräume zugewachsen sein.

Von der Felswand beschützt, fühlt sich Conny auf diesem Sitzplatz besonders wohl. Ein Teil des Waldhanges wurde von keinen Baumassnahmen berührt. Überall hat Conny Rosen dazwischen gepflanzt.

Bald soll sich aus der Felswand ein kleiner Wasserfall ergiessen. Auf der Hängematte lässt es sich geruhsam hin- und herschaukeln – welch eine Erholung für die Seele.

TRAUMHAFT IST DER HERBSTLICHE BLICK WEIT IN DIE FRÄNKISCHE LANDSCHAFT.

Altes Gemäuer und Rosen lassen träumerische Gedanken an alte Zeiten aufkommen.

Evi's Garten ist ganz, ganz anders. Auch sie ist eine besessene Rosenfreundin, und es lag nahe, daß ich die beiden zusammenbringen mußte. Altes Gemäuer ist ihrem Besitz eigen, und ich wähne mich in einer wunderbaren, heilen Welt, wenn ich dieses Traumland betrete. Auch hier gab es niemals einen Goldesel, der für das nötige Geld sorgte, um Arbeiter anzuheuern. Nein, es wurde in vielen Jahren alles, alles ganz allein gemacht.

Wie häufig treffen sich diese beiden Gartenfreundinnen! Rosenschulen und Staudengärtnereien sind ihr Ziel, und lange Gespräche ranken sich um Gartenverbesserungen.

Auch über Farben im Garten wird oft diskutiert, und so manches Mal stehe ich fassungslos daneben, weil ich nicht begreife, warum dieses Rosa nicht zum Rosa der Nachbarrose passen soll, und darum diese arme Rose nun auch einer anderen tatsächlich weichen muß.

Aber Hauptsache glücklich! Und das sind die beiden von ganzem Herzen.

Von allen Seiten erscheint das Wohnhaus mit Rosen umschlungen.

Wo immer sich die Gärtnerin in ihrem Garten aufhält, stets wandelt sie unter Rosen.

Traumhaft ist der Blick auf das im
Abendlicht glänzende Städtchen.

RIOJA

FESTE FEIERN WIE SIE FALLEN

Unglaublich, was eine Flasche Sekt bewirken kann. Friedlich und harmonisch sitzen mein Mann und ich beieinander, reden über dieses und jenes, prosten uns hin und wieder zu, zufrieden über das begangene Tagwerk und über das, was uns der Garten an solch einem Abend an Schönheit zeigt.

Eine einzige Frage aber macht es möglich, daß die nächsten vier Wochen hektisch ablaufen: »Wollen wir nicht wieder einmal ein Fest geben?« Leicht sekttrunken feuern wir uns gegenseitig mit Vorschlägen an, und bald ist das Motto gefunden, das diesmal den Gästen auf der Einladungskarte mitgeteilt werden soll. Alles das macht sehr viel Spaß. Die Einladungen werden mit einer hübschen Fotografie aus dem Garten versehen, oder eine kleine Zeichnung schmückt die eine Seite der handgeschriebenen Karte.
Sobald aber alles vorbereitet und geschrieben ist, und die fertigen Briefumschläge in den Postkasten fallen, geht eine merkwürdige Veränderung in mir vor: Was habe ich mir da nur wieder eingebrockt? »Reg' dich doch nicht auf, du hast doch noch vier Wochen Zeit«. Mit diesem so unverständlichen Kommentar läßt mich mein Mann schnöde allein und wendet sich der Verschönerung des Gartens zu.

Mir aber liegen gerade diese vier Wochen im Magen. Mein Innenleben ist beunruhigt. Und anstatt inzwischen anderen Dingen nachzugehen, mache ich das, was man auf keinen Fall tun sollte:
Ich mache mir Gedanken. Gedanken über das Wetter – es sollte schließlich ein Gartenfest werden – Gedanken über das kalte Büffet, Gedanken über die Sitzplätze und vieles mehr, obwohl ich in den nächsten drei Wochen nichts Besonderes zu tun habe.
Erst eine Woche vorher werde ich ruhig, denn von nun an hat eben alles wie am Schnürchen zu laufen. Es regnet zwar schon tagelang in Strömen, aber fast alle Gäste haben zugesagt. Und so hat man eben einfach die Fassung zu bewahren und kühlen Kopfes die Suppe heiß werden zu lassen, die man sich selber eingebrockt hat.

Am Vortag des Gartenfestes, von dem ich jetzt erzählen will, regnete es noch immer, und ich begann mich darauf einzustellen, daß unser Fest drinnen stattfinden müsse. Unbegreiflicherweise kündigte dann aber der Wetterbericht für genau den nächsten Tag ein Zwischenhoch an, mit erstaunlich hohen Temperaturen und darauf folgendem nächtlichen Gewitter. Auf was sollte ich mich also verlassen? Nun, ich verließ mich nicht, sondern begann zusammen mit meinem Mann zwei Festschauplätze einzurichten – drinnen so wie auch draußen.

Dieser bunt gedeckte Tisch soll an einem festlichen Abend wie ein Bild wirken, einfach nur zum Anschauen, irgendwo im Garten aufgestellt. Wenn sich eine duftende Rose darüber neigt, ist das Ergebnis besonders reizvoll.

Strahlend brach der nächste Tag an. Das Gartentor stand weit auf, als die ersten Gäste abends um 18 Uhr eintrafen. Wegen der großen Hitze hatten wir umdisponiert:
Freundinnen unserer Söhne reichten statt eines alkoholischen Empfangsgetränkes heißen schwarzen Tee, eine in den Tropen übliche Gewohnheit, die dankbar bei der Hitze als Göttertrunk angenommen wurde.

Der frische, von Rosenduft erfüllte Garten erregte größtes Entzücken. Glücklich nahm ich wahr, daß es ein gelungener Abend werden würde. Mit der Teetasse in der Hand lustwandelten unsere Gäste um das ganze Haus, trafen hier und da wieder zu kleinen Grüppchen zusammen. Auf der Rückseite des Hauses gab es für jede Dame ein Gastgeschenk: Kleine Keramikvasen hatte ich mit Sträußchen gefüllt, und jede konnte sich etwas aussuchen. So war man beschäftigt, bis der letzte Gast endlich eintraf.

Mein Mann begann unsere Festlichkeit mit einer kleinen Ansprache, in der er Freunde und Bekannte miteinander bekanntmachte und von den jeweiligen Berufen und Steckenpferden eines jeden erzählte. Damit waren alle Hemmungen behoben, Mauerblümchen gab es nicht.
Das kalte Büffet war wegen des unsicheren Wetters im Haus angerichtet. Grundsätzlich statte ich es immer so aus, daß man nur eine Gabel braucht, um mit dem Essen fertigzuwerden, wie Pasteten, Salaten der verschiedenen Sorten und kleinen Fleischhäppchen. Keiner muß also einen Tisch ansteuern, um mit Messer und Gabel zu hantieren. So viele Tische sind auch gar nicht vorhanden. Genügend Sitzplätze übrigens auch nicht, sodaß den ganzen Abend ständig Bewegung und Abwechslung gewährleistet sind. Und die Getränke? Sie warten in der Küche, und Selbstbedienung ist angesagt. Sekt, Saft und Sprudel stehen bereit. Bier hingegen ist an solch' einem Abend verpönt, denn es macht träge.

Ein Geschenk des Himmels war dieser windstille Sommerabend. Leise erklang aus im Garten angebrachten Lautsprechern wohltuende Tanzmusik, und um Mitternacht gab unser Ältester ein bezauberndes, kleines Gitarrenkonzert. Er saß ein bißchen erhöht im Steingarten, die Gäste dagegen auf Bänken, die rund um den Teich aufgestellt waren. Ab und zu hüpfte ein Frosch ins Wasser, und ganz in der Ferne war das Grollen des nahenden Gewitters zu hören.
Wir erlebten eine der seltenen Nächte, die voller Zauber stecken und jeden in ihren Bann ziehen. Später vertrieb uns das Gewitter dann ins Haus, und nacheinander verabschiedeten sich unsere Gäste. Unser gelungenes Fest ist uns und unseren Gästen noch lange in Erinnerung geblieben.

Ein anderes Fest findet im Hause statt. Wenn es so richtig kalt und ungemütlich ist, dann lade ich Bekannte zu einem Suppenfest ein – im November. Auf bäuerlich geschmücktem Tisch stehen große Kochtöpfe, möglichst alt und verschieden. Besonders hübsch ist altes Kochgeschirr in hell- und dunkelblau, heute nur noch auf Trödelmärkten erhältlich.
Köstlich dampft und duftet es. Gulaschsuppe, Mitternachtssuppe, Kartoffelsuppe und eine leckere Sauerkrautsuppe füllen die hungrigen Mägen. Auch hier wird nicht unbedingt ein Tisch benötigt. Suppenschälchen aus Keramik und Suppenlöffel liegen bereit, und es langt ein Sessel oder ein Stuhl, irgendwo im Haus, um sich niederzulassen, oder man bleibt in Grüppchen in der Nähe der Töpfe einfach stehen.

»Wollen Sie nicht wieder einmal ein Fest geben?« Hin und wieder taucht diese Frage auf. »Ihre Feste waren immer ein besonderes Ereignis«, heißt es weiter, und das waren sie sicher. Ich bin aber nicht mehr derselbe Mensch, der diese Einladungen mit soviel Freude ausgerichtet hat. Auf geheimnisvolle Weise hat sich meine ganze Innenwelt verändert. War ich doch früher auf allen Stätten des Frohsinns zu finden, so habe ich mich wohl heute mehr zur Außenseiterin entwickelt. Heute meide ich große Feste, meide Menschenansammlungen und bin glücklich, wenn ich mit einigen wenigen gute Gespräche führen kann, oder sogar am liebsten mit einem Einzigen geistvolle Stunden verbringe.

Die Abneigung gegen Kaffeenachmittage hatte ich schon immer. Nach wie vor sind mir einige Plauderstündchen zu zweit oder auch zu dritt lieber. Das viele Durcheinanderreden entfällt, der Gehalt der Gespräche ist ein anderer.

Aber mir ist da noch eine andere, gute Idee gekommen: Haben Sie schon einmal versucht, einen weißen Frühlingsgarten zu pflanzen? Bleichweiße Stiefmütterchen-Gesichter, traumzarte weiße Vergißmeinnicht, sich ganz majestätisch gebende weiße Tulpen mit feinen grünlichen Streifen versehen. Weiße Bellis gibt es in Massen zu kaufen, und weiße Hortensien in Töpfen sind ein zusätzlicher Reiz (aber bitte nicht in die pralle Sonne stellen!). Huschen Sie am Samstag noch einmal schnell über den Wochenmarkt. Vielleicht finden Sie noch weiße ›Anemone blanda‹, die man heimlich zwischen all die anderen Schönheiten setzen kann.
Nun laden Sie zu einem weißen Sonntag ein, mit Schlagsahnetorten und Baisers. Sie können ein wunderunterhaltsames weißes Frühlingsfest erleben, denn –
man muß die Feste feiern, wie sie fallen!

Übrigens kann man den weißen Einladungstag schon morgens um 11 Uhr beginnen. Hübsche Schalen mit hartgekochten Eiern stehen überall herum, ebenso ein sahneweiß schimmernder Kartoffelsalat und möglichst eine fast alkoholfreie weiße Bowle. Wenn wir Glück haben, kann alles im maienhaften Garten stattfinden. Wenn nicht, steht alles Eßbare drinnen auf blütenzart gedeckten Tischen. Aufgestapelte Teller, jede Menge Gabeln, und natürlich weiße Servietten, schlicht aus Papier. Mitsamt den Eierschalen kann man sie in große Körbe geben, und später wird der Inhalt auf dem Kompost entleert.
»Scheuchen« Sie Ihre Gäste zwischendurch immer wieder in den Garten, damit das weiße Wunder allen unvergessen bleibt. Und wenn die Eingeladenen fragen, was sie mitbringen sollen? Nun, ein Körbchen mit weißen Blumen natürlich, möglichst schon einen Tag vorher vom Floristen geschickt, damit man es gleich in die Dekoration mit einbringen kann.

Wie bezaubernd wäre es, wenn die Damen sich für hübsche, weißbebänderte Hüte entscheiden könnten.
Übrigens, bitte keine Blue Jeans! Mehr und mehr sollten wir uns wieder des Wortes »stilvoll« entsinnen.

NEBEL

NACHTS WACHTE ICH AUF. IRGEND ETWAS WAR ANDERS ALS SONST.

STILLE, ABSOLUTE STILLE.

KEIN AUTO WAR ZU HÖREN, AUCH NICHT AUS WEITER FERNE.

Eine unerklärliche Einsamkeit befiel mich, und als ich leise ans Fenster schlich, legte sich eine ebenso unerklärliche Bangigkeit auf mein Herz. Dicker und dichter Nebel lag undurchdringlich auf unserem Garten. Nicht eine einzige Kontur war mehr zu erkennen. »Was hast du«, fragte mein Mann, der auch erwacht war, »Angst«, gab ich zur Antwort, »große Angst«. »Ich weiß nicht warum, aber draußen ist alles voller Nebel«. Ein tröstendes Licht warf dann die Nachttischlampe in unser Zimmer und ließ mich wieder zur Ruhe kommen.

»Ist dir letzte Nacht auch so seltsam zumute gewesen«, fragte mich gleich am nächsten Morgen eine Freundin am Telefon. »Ja«, gab ich zur Antwort, »was ist es nur immer?«

Inzwischen hatte sich der Nebel ein wenig gelichtet. Verschwommen waren alle Bäume zu erkennen. Ein glänzender, feuchter Film hatte sich um die Zweige gelegt, und ich fühlte, wie mein Nebelgarten auch mich warm umschloß. Meine Stimmung war umgeschlagen, und ich kam mir behütet und glücklich vor, als ich mit einer Tasse Kaffee an meinem Schreibtisch saß und in den Garten hinausschaute. Mild begann sich die Sonne durch die Nebelschwaden zu drängen, und es gab nichts mehr, was sich schwer auf mein Herz legte.

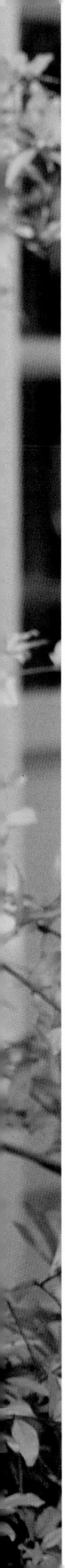

ENKELKINDER

Die Zeiten, in denen Mütter für ihre Töchter oder Großmütter für ihre Enkelkinder wunderhübsche Feste ausrichteten und dafür sorgten, daß sich die jungen Geschöpfe in den allerliebsten Kleidern zeigten, und in den Armen eines guterzogenen Jünglings über die Tanzfläche glitten, sind endgültig vorbei. Längst haben sich meine Großmuttergefühle damit abgefunden. Und zu meinem eigenen Erstaunen muß ich feststellen, daß ich inzwischen darüber auch recht froh bin. Was würde ich denn, die Gartengroßmutter, mit lauter eitlen Frätzchen anfangen?

Natürlich faßte auch mich blankes Entsetzen, als Felix mit ausgefransten, ausgeblichenen Jeans, riesigen Boots mit hängenden Schnürsenkeln, einst bei uns erschien, um uns bei der Gartenarbeit zu helfen. Natürlich wechselte er die Kleidungsstücke, denn die abenteuerliche Aufmachung war in seinen Augen zu kostbar, um im Garten verschlissen zu werden. Daß wir uns nach getaner Arbeit weigerten, in diesem Aufzug mit ihm Essen zu gehen, nahm er gelassen hin.

Annelie hat mir einen Apfelkuchen versprochen.

Nun, heute hat sich das alles geändert. Und Eltern, deren Kinder sich noch in verschiedenen Stadien von Unreife befinden, sollten sich damit abfinden, daß die Probleme eines dreizehnjährigen Jungen dadurch gelöst werden, daß er vierzehn wird. Und die Probleme eines vierzehnjährigen Mädchens erledigen sich ganz von allein, indem sie fünfzehn wird. Geschärfte Blicke kann man seinen Kindern ohnehin nicht mitgeben. Sie müssen selber stolpern. Manchmal sehr leidvoll. Aber es läuft sich mit der Zeit alles zurecht.

Felix wird demnächst eine Gärtnerlehre beginnen, und das sicher nicht leichte Leben wird ihn weiter formen. »Du darfst mich niemals im Stich lassen«, habe ich ihm schon warnend mit auf den Weg gegeben. »Der Kompost wartet immer auf dich!« »Nein, ich laß dich nicht im Stich«, verspricht er mir.
Doch auch unsere Enkelin Annelie ist stets für mich da. Zwar hat sie enorm viel mit ihrer »Landwirtschaft« zu tun, denn sie ist Pferdebesitzerin, und oft läuft sie mir mit einer Schubkarre dampfenden Pferdemistes, der auch unserem Garten zugute kommt, über den Weg.
Annelie hat aber für mich noch wichtigere Qualitäten: Sie ist eine hervorragende und begeisterte Köchin. Anruf genügt, und immer ist sie bereit, mir einen ihrer wohlschmeckenden Kuchen zu backen und zu liefern.

Annelie mit ihren Pferden Billy und Mogli. Mogli ist ein Ponny, erfreut durch witziges Gebaren, und versteht es, die Familie in Aufregung zu bringen, wenn er wieder einmal ausgerissen ist. Billy dagegen, das Reitpferd, ist von frommerer Art und läßt sich ganz lieb von Annelie reiten, aber ohne Moglie läuft nichts, und keiner möchte ihn missen.

Und Clemens? Clemens, das dritte Enkelkind, das »Clemele«? »Ach er ist ja noch so klein, er ist ja noch so niedlich, man muß doch Verständnis haben«. – Verständnis? Wofür? Nun für all das, was er nicht möchte, und wozu er keine Lust hat. Die Großmutter ist da anderer Meinung. Ein striktes Wort, nun ist Schluß, und es wird das gemacht, was gesagt wurde!

»Ach, mein liebes Clemele, laß dich in den Arm nehmen, und spiel mir noch eines von deinen hübschen Stücken auf dem Klavier vor.«

Ob diese Kinder wissen, was es bedeutet, in soviel Freiheit aufwachsen zu dürfen? In der herrlichen Umgebung der Fränkischen Schweiz, in dem Blumenmeer einer Staudengärtnerei, und in den verständnisvollen Armen liebevoller Eltern?

– Wie sollten sie!? Eine glücklich verlebte Kindheit wird einem erst später bewußt.

Felix und Clemens

RINGLEADER
Brand

ALLERLEI HERBSTLICHES

»FINDEST DU NICHT AUCH, DASS ES MORGENS SCHON SEHR HERBSTLICH IST? ES LIEGT VIEL TAU AUF DEM RASEN, UND DIE LUFT IST RECHT KÜHL«

Natürlich haben sich die Vogelbeeren schon rot gefärbt.
Doch die Sonne scheint noch sehr warm und ich nehme noch keinen Herbst wahr.

Aus vielerlei Munde wird einem dauernd vor Augen gehalten, daß es nun schon herbstlich würde, und ganz unbewußt sieht man etwas Dunkles und Ungemütliches auf sich zukommen. Der August kann es sich einfach nicht erlauben, mit einigen kühlen Abenden aufzuwarten, schon schiebt man ihm den kommenden Herbst in die Schuhe.

Noch scheint tagsüber warme Spätsommersonne, und der September beglückt mit mildem und wohltuendem Licht, das die Fotografin willkommen begrüßt. Noch ist der Garten blütenschwer, gelbe Blätter gibt es bisher nur an den Tomaten. Die Rosen haben wieder zu einer kräftigen Blüte angesetzt, und hier muß ich warnen, zu viele einmalblühende »Alte Rosen« zu pflanzen. Warum wollen wir im Herbst auf blühende Rosen verzichten? Jede Einseitigkeit ist übertrieben, denn seit dem Alte-Rosen-Boom haben die Züchter nicht geschlafen. Es gibt wunderschöne, duftende Rosen, die es dem Habitus der älteren gleichtun. Immer muß man auf der Suche nach Schönerem, Besserem bleiben. Duft, Blühwilligkeit und vor allen Dingen geringe Krankheitsanfälligkeit spielen eine große Rolle.

Wer sich also bei der Rosenauswahl so verhält, daß auch noch im Herbst der Garten von Blüten überschüttet wird, der genießt und läßt sich nicht davon beeindrucken, daß jemand den Garten betritt und meint, daß es schon richtig nach Herbst riechen würde. Man sollte auch nicht widersprechen, sondern überhören. Denn auf allen Widerspruch wird ein »Ja, aber…« folgen. Alle »Ja-aber« haben etwas Niederschmetterndes an sich, und können bewirken, daß man selber auch plötzlich etwas »Herbstliches« in der Nase hat.

Traumhafter Herbsttag. Noch kann man die warmen Sonnenstrahlen geniessen.

Die schönste Färbung bringt uns der japanische Fächerahorn.

Irgendwann kommt sie natürlich, die wunderschöne Herbstzeit. Noch wehen warme Lüftchen, und mit viel Vergnügen lassen die Kinder ihre Drachen fliegen. An den Hängen der Fränkischen Schweiz sieht man Kartoffelfeuer rauchen, und man hat den köstlichen Geruch der in der heißen Asche garenden Kartoffeln in der Nase und bekommt Appetit.

Wie in jedem Jahr stelle ich mir üppige Blumensträuße aus dem Garten zusammen. Geradezu feenhaft wirken Gebilde von der Myrtenaster in Weiß und lichtem Blau. Dem Blütenwunder der Dahlien macht der erste Frost ein jähes Ende. Darum pflanze ich sie erst gar nicht, sondern hole mir dicke Sträuße von meiner Bauersfrau vom Land, die die Blüten vorerst noch mit Folie schützt. Die Weintrauben am Haus ergeben ein köstliches Gelee. Aber meistens überlasse ich sie den Vögeln, denn immer sind sie dann reif, wenn ich weder Zeit noch Lust zum Einkochen habe.

So rückt sie allmählich heran, die stille Zeit. Die Bäume haben ihr Laub fallengelassen, und früh am Abend wird es schon dunkel. Mit der Zeit werden auch wir mit all unserer Gartenarbeit fertig, die wir erst relativ spät begonnen haben, um den reizvollen herbstlichen Eindruck nicht zu früh zu zerstören. Der Winter und die schneelose Zeit sind lang genug.

Nun läßt sich der Herbst wirklich nicht mehr verheimlichen.

Fröhlich und bunt zeigt er sich von allen Seiten.

Ganz besonders bereichern die roten Zwiebeln dieses herbstliche Arrangement.

Traumhaft beglückendes Abendlicht lässt den bereits verfärbten Wein an der Wand erglühen.

Mit allerlei Vorschlägen für Gaumenfreuden im Herbst hatte mir Cornelia den Mund wässerig gemacht. Nun berichtet sie mir von einer Gans, die man bei kleinster Flamme (80°) acht bis zehn Stunden im Herd bräteln läßt, ohne jemals hineinzuschauen. Das Ergebnis soll geradezu umwerfend sein!, schwärmt sie. »Das probierst du aber vorher aus«, gebe ich mit vorsichtigem Interesse kund, und das tut sie auch. Eines Tages ruft sie mich an und verkündet: »Du, ich habe heute die Wundergans gebraten. Wir sind morgens um zehn Uhr zum Wandern aufgebrochen, die Gans kam nach Vorschrift in den Herd, und abends um acht Uhr haben wir sie gegessen. Phantastisch, kann ich dir sagen, einfach phantastisch!« »Hast du sie auch gefüllt?«, erkundige ich mich nun brennend interessiert. Auch das verrät sie mir noch:

6 Äpfel, 2 Scheiben Honigkuchen, 1 Zwiebel, 2 Scheiben altbackenes Schwarzbrot, 200 g Backpflaumen ohne Steine, 2 Eßlöffel braune Butter, Pfeffer, Salz und Zimt nach Geschmack.

Schon am Nachmittag hüllt sich der Garten in milchige Dämmerung. Eine Stimmung, die für mich weder Trübsinn noch Düsternis hervorruft, aber es geht mir ja auch gut! Warm und gemütlich sitze ich in meinem kleinen Haus. Ich genieße die Sanftheit der hereinbrechenden dämmerigen Nachmittage, glückselig vertrödele ich schon morgens meine Zeit am Kaffeetisch, und lasse mich auch tagsüber durch nichts zur Eile antreiben. Wie ich schon erzählte, können mir zwar Schwermut oder Kopfschmerzen einen Strich durch die Rechnung machen, aber ich tröste mich mit dem Gedanken: Morgen ist wieder ein anderer Tag.

Am 11. November ist St. Martin. Wichtige Bauernregeln sind von ihm geprägt:
Ist St. Martin Sonnenschein, tritt ein kalter Winter ein. Ist zu Martini strenger Frost, dann wird der Winter gelind. Wenn auf Martini Regen fällt, ist's mit dem Winter schlecht bestellt. Wenn zu Martini die Gäns auf dem Eise stehn, so müssen sie zu Weihnacht im Kote gehn.

Die Martinsgans wird in Zukunft nach Cornelia's Rezept zubereitet werden. Und in der Dämmerung werden liebe Gäste an der Tür läuten, und gemeinsam werden wir am hübsch gedeckten Tisch den leckeren Braten verspeisen.
Wie soll die Dekoration aussehen? Ein dicker Strauß aus Kieferzweigen, dicht gesteckt auf den Boden oder auf einen Stuhl gestellt, trägt sehr zur Gemütlichkeit bei, denn es darf ruhig schon ein bißchen nach Advent riechen.

Getrocknete Hortensienblüten dazwischen, ergeben einen heiteren Eindruck. Den gedeckten Tisch schmücken wir mit kleinen Mooshäufchen, auf die wir Hagebutten, Bucheckern, Kastanien und rote Miniäpfelchen stecken.

Übrigens berichtet die Legende, daß der Heilige St. Martin in kalter Winternacht barmherzig seinen Mantel mit einem frierenden Bettler teilte. Wie steht es mit unserer Barmherzigkeit? Wieviele bittende Hände strecken sich uns am Straßenrand entgegen? Wer sitzt schon freiwillig in Schnee und Eis auf der Straße? Barmherzigkeit hieße z.B. beitragen zu einem warmen Mittagessen. Indem ich in meiner Manteltasche vor einem Stadtbummel einige Markstücke versenke, bin ich bereit, wenigstens einigen zu zeigen, daß mir ihre Not nicht gleichgültig ist. Es muß ja nur eine kleine Geste sein, die wir vom heiligen St. Martin übernehmen.

Noch genau erinnere ich mich des fröhlichen Nachmittages, wenn meine Mutter mit meinem Bruder und mir auf den Bremer Freimarkt ging. Gleich am Eingang stand ein Bettler und ließ auf seiner Orgel ein reichhaltiges Repertoire erklingen. »Mutti«, quälte ich, »wir müssen ihm was geben«. »Ja, Liebchen, aber ich habe noch kein Kleingeld«, war oft die Antwort.
Sie wußte aber, daß ich keine Ruhe geben würde, und es dauerte auch gar nicht lange, bis ich ihm mit klopfendem Herzen zehn Pfennig auf seinen Teller legen konnte. Damals war das noch viel Geld. Erst wenn ich diese Handlung vollzogen hatte, konnte ich voller Lust in die Achterbahn steigen, und mich in der Kettenschaukel durch die Lüfte schwingen lassen.

St. Martin ist uns allen ein sehr vielfältiger Tag, den wir auf mancherlei Weise begehen können. Karnevalssitzungen finden statt, denn der Fasching beginnt, Kinder laufen Laterne und geben ein lustiges Bild ab, Gänseessen sind angesagt, – und Barmherzigkeit kann geübt werden.
»Das Böse, das wir tun, wird uns Gott vielleicht verzeihen«, sagt der österreichische Dichter K.H. Waggerl, »aber unverziehen bleibt das Gute, das wir nicht getan haben.«

Ich denke, daß uns die übervollen Straßen, der unglaubliche Verkehr immer mehr dazu zwingen werden, zu Hause zu bleiben um hier unser Glück zu genießen. Dazu gehört auch, daß wir uns der althergebrachten Festtage wieder erinnern. »Wie gut die alten Bräuche waren, wird, der sie aufgibt, bald erfahren«, sagt ein alter Töpferspruch.

Wie glücklich sind doch wir Gartenliebhaber: Mit grünen Gedanken können wir uns wieder auf die Sonnenseite des Lebens bringen! Mit geschlossenen Augen lassen wir bunte Gartenbilder an uns vorbeiziehen, die imstande sind, traurige Gedanken zu vertreiben.
Immer wieder sollten wir uns bewußt sein:

KEINER KANN DAS GLÜCK SEINES LEBENS SCHMIEDEN,
IMMER NUR DAS GLÜCK DES AUGENBLICKS.

K.H. Waggerl

LATERNE! LATERNE! SO

Am Großen Plöner See

NACHTRAG

EIN WENIG BODENKUNDE – UND DAS LÄSTIGE THEMA DÜNGUNG

»Ich möchte alles genauso machen wie du«, sagte meine Nichte Gabi zu mir, die fröhlich durch meinen blühenden Garten spazierte. »Ich glaube, ich mache alles verkehrt«, meinte sie weiter. »Du glaubst gar nicht, was ich alles schon probiert habe: Mal Pferdemist, mal Kuhmist, mal Blaukorn, mal Urgesteinsmehl, und auch mit Brennesselbrühe habe ich mein Heil schon versucht.« »Nun ja«, entgegne ich ihr scherzhaft, »dann weiß dein Boden inzwischen sicher gar nicht mehr, woran er ist, und deine Pflanzen auch nicht. Laß doch mal das Wort ›Düngung‹ beiseite und sprich von ›Ernährung‹.
Man muß nämlich dem Boden gezielt die richtigen Nährstoffe zuführen, denn die Pflanze kann sich nur von den Stoffen ernähren, die vom Boden, d.h. von der Feuchtigkeit im Boden gelöst, und vom Bodenleben in eine für die Pflanze aufnehmbare Form umgewandelt wurden. Als ›Bodenleben‹ bezeichnen wir die unzähligen Kleinstlebewesen einschließlich des Regenwurmes. Diese ganze Kleinstlebewelt, die im Boden lebt und unermüdlich für die Verrottungsprozesse sorgt und den herrlichen Humus bereitet, ist so interessant, daß sich jeder Gartenliebhaber mit diesem faszinierenden Thema unbedingt auseinandersetzen sollte. Deshalb gehört in jede Bibliothek eines Gärtnernden unbedingt das Buch von Prof. Alwin Seifert: »Gärtner, Ackern ohne Gift« Nicht nur für den gärtnernden, sondern für jeden umweltbewußten Menschen ist dieses Wissen ein absolutes Muß.

Beziehen wir das einmal auf den Menschen: Wenn er sich von einer Suppe ernähren will, muß sie reichhaltig sein. Ist sie nur mit Wasser und Gemüse gekocht, ohne Kartoffeln, ohne Fett, wird sie zwar ein geeignetes Mittel sein, um abzunehmen, wird ihn aber auf Dauer nicht vollwertig ernähren, d.h. auch beim Menschen würden dann Mangelerscheinungen auftreten. Genauso ergeht es der Pflanze. Sie bezieht ihre Nährstoffe aus dem Boden, die ich ihm vorher zugeführt habe. Enthält er nicht genügend ›Futter‹, kann die Pflanze das nicht aufnehmen, was sie benötigt, sie kränkelt vor sich hin.
Brennesselbrühe z.B. ist kein vollwertiger Dünger, vielmehr ist sie eher so etwas wie der Lebertran für den Menschen, also etwas, was ihm gut tut, wovon er aber nicht leben kann. Wird der Boden mit Dünger überfüttert, nimmt die Pflanze zu, d.h. sie wird mastig und krankheitsanfällig, ebenso wie der Mensch, wenn er zuviel ißt. Der Mensch hat allerdings die Fähigkeit zu erkennen, daß seine Nahrungsaufnahme zu reichlich ist, kann stoppen und sich auf eine Diät besinnen, um wieder seine alte Form zu erreichen. Das aber kann die Pflanze nicht! Sie nimmt alles auf, was sie im Boden vorfindet.«

»Und jetzt möchtest du wissen, wie ich es mache? Ich versuche immer die goldene Mitte zu finden, d.h. auch, daß ich mich auf keine Düngevorschläge einlasse, die mir von vielen Seiten dargebracht werden. Ich habe mich gegen den Kunstdünger entschieden und dünge nur biologisch. Kann mir doch keiner sagen, was mein eigener Garten braucht. Ich weiß, daß die Pflanze Stickstoff, Phosphor, Kali und Kalk benötigt, so wie der Mensch Kohlehydrate, Eiweiß und Fette in abgewogenem Verhältnis zu sich nehmen muß, um gesund zu bleiben.
Ergänzend benötigen beide verschiedene Mineralstoffe und Spurenelemente.

ALSO:

Stickstoff = N
sorgt für den Zuwachs von Trieben und Blättern,
Phosphor = P
ist unersetzlich für Blüten- und Fruchtbildung, sowie für gesundes Wurzelwerk,
Kali = K
macht das Pflanzengewebe widerstandsfähig,
Kalk = Ca
schließt den Boden auf und bindet Bodensäure (pH-Wert).

Um nun zu wissen, was meinem Boden fehlt oder wovon er womöglich zuviel hat, lasse ich mir eine Bodenanalyse erstellen. Hier wird nämlich ganz genau ermittelt, woran es meinem Boden mangelt oder was zu reichlich vorhanden ist. Wissen muß ich dabei, daß es bei einer Bodenanalyse nicht darum geht festzustellen, ob ich in Lehm- oder Sandboden pflanze, sondern hier wird nur gesagt, wieviel Düngestoffe sich in etwa 25 cm Tiefe befinden. Das nämlich ist der Raum, aus dem sich die meisten Pflanzen ihre Nahrung holen, und man sollte dabei wissen, daß sogar die Bäume mit ihrem weitläufigen Wurzelgeflecht aus diesem Bereich zehren. Leicht kann man feststellen, daß z.B. eine Birke imstande ist, allen anderen Pflanzen ringsherum die Nahrung wegzunehmen.

Eine Bodenprobe entnimmt man, indem man, je nach Größe des Gartens – bei 500 qm etwa an 5-7 Stellen, mit dem Spaten ein spatentiefes Loch (das sind etwa 25 cm) gräbt, und den Aushub auf die Seite legt. Vorher muß die obere Schicht (etwa einen Zentimeter) entfernt werden, denn sie würde das Ergebnis verfälschen! (Rasen bleibt von dieser Aktion ganz ausgenommen.)
An der glatten Seite des Loches sticht man mit dem Spaten eine schmale Scheibe in ganzer Spatenblattiefe ab und gib sie in einen Eimer. Das wiederholt man nun an den anderen Stellen. Der Eimerinhalt wird gut durcheinandergerührt und etwa ein halbes Pfund davon in einen Plastikbeutel gefüllt. Name und das Datum werden darauf vermerkt und ebenso, ob die Beete für Gemüse oder Zierpflanzen bestimmt sind. Am besten läßt man die Bodenanalyse von einem Institut ermitteln, das die Werte gleich in die erforderlichen biologischen Düngemittel – wie Hornspäne, Blutmehl und Knochenmehl – umrechnet. Nach Erhalt der Analyse weiß ich nun ganz genau, was zu tun ist.

So kann es beispielsweise sein, daß meine Erde einen ganz erheblichen Phosphorüberschuß hat, was bedeutet, daß kein Phosphor mehr gegeben werden darf. Wie soll ich aber aus Kuhmist, Pferdeäpfeln oder NPK-Düngern wie Blaukorn den Phosphor herausfiltern? Das geht nicht!!

Dafür gibt es Einzeldünger, die ich in ihrem Mischungsverhältnis beeinflussen kann, und das sind **Hornspäne oder Horngrieß, Blutmehl, Knochenmehl, Kali und Kalk.** Diese Einzeldünger können wir uns nun nach dem Rezept der Analyse selber mischen. Die Verwendung ist recht einfach:
Hornspäne: Stickstoff mit langsamer Wirkung (vorwiegend für die Herbstdüngung)
Horngrieß: Stickstoff mit mittelschneller Wirkung
Blutmehl: Stickstoff mit schneller Wirkung, (daher nur im Frühjahr verwenden) **nur mit Gummihandschuhen arbeiten!**
Knochenmehl: Phosphor
Kali: Wir verwenden Patentkali, das gleichzeitig das für die Pflanzen nötige Magnesium enthält
Kalk: Am besten Korallenalgenkalk verwenden.

Vorsicht ist beim Kalken geboten! Oft wird man von einer Tafel vor irgendeiner Düngerhandlung daran erinnert, daß jetzt Zeit zum Kalken sei. Warum nicht, denken sich die Leute, Kalk ist ja so herrlich billig, und wenn jetzt Zeit sein soll zu kalken, habe ich doch etwas für mein Land getan. Ja, das habe ich, aber unter Umständen etwas sehr Ungutes. Ob ich kalken soll, sagt mir die Bodenanalyse, sonst niemand! Und sie sagt noch etwas, nämlich ob der Boden sauer, neutral oder alkalisch reagiert.«

»Kannst du mir bitte genauer erklären, was diese Begriffe bedeuten? Muß ich das wissen?« fragt mich Gabi. »Du mußt!«, erwidere ich deutlich.
»Du weißt ja, daß eine Azalee oder eine Kamelie am Fenster nur dann auf die Dauer am Leben erhalten werden kann, wenn sie mit kalkfreiem Wasser (Regenwasser) gegossen wird. Du ersiehst daraus, daß viele Pflanzen absolut kalkfeindlich sind. Andere Pflanzen aber stört der Kalkgehalt nicht, im Gegenteil, manche wachsen nur auf Kalkböden.
Um nun zu wissen, welche Pflanzen du im Garten mit Erfolg pflegen kannst, mußt du die Bodenreaktion des Bodens kennen, und die ist Teil der Bodenanalyse. Einen kalkhaltigen Boden nennen wir alkalisch (oder auch basisch), einen kalkarmen Boden nennen wir sauer. So wie aber auch ein Essig verschieden sauer sein kann, so kann man auch im Wasser des Bodens alle

Abstufungen unterscheiden: Vom starksauren über schwachsauren, neutralen, und weiter bis zum schwachalkalischen und dann zum starkalkalischen Boden.

Das ganze pH-Wert-Thema ist für uns Laien recht kompliziert. Deshalb wird das Meßergebnis zur Vereinfachung in 14 Werten dargestellt. Male einen waagerechten Strich auf ein Stück Papier und teile diesen Strich in 14 Einheiten auf. In der Mitte, bei 7, schreibe das Wort ›neutral‹. Links von 1-7 vermerke den Begriff ›sauer‹, und rechts von 7-14 den Begriff ›alkalisch‹. Diese Zahlen von 1-14 sind die sogenannten pH-Werte, die dir die Reaktion des Bodens anzeigen und in der Bodenanalyse genannt werden.
Niemals darfst du Kalk geben, ohne den pH-Wert des Bodens zu kennen!! Es ist zwar leicht, einen sauren Boden aufzukalken, aber schwer, einen kalkhaltigen Boden in den neutralen oder gar sauren Bereich zu verändern. Schon ab pH 7 werden wichtige Spurenelemente wie Mangan, Eisen, Kupfer, Zink und Bor festgelegt, das heißt, sie werden unlöslich, können deshalb von den Pflanzen nicht aufgenommen werden, sodaß Mangelkrankheiten auftreten. Das bedeutet, daß es sehr nützlich ist zu wissen, daß der Boden z.B zwischen pH 6,5-6,8 liegt (das ist ohnehin der Bereich, in dem Rosen und ein großer Teil der Stauden zuhause sind). Schaut sich aber jemand in deinem Garten nach Rhododendron um, dann kannst du klug antworten, daß dein Boden dafür nicht sauer genug sei«.

»Ach du liebe Zeit«, stöhnt Gabi, »das soll ich alles behalten?« »Ich bitte dich«, erwidere ich, »jetzt hast du schon soviel in deinem Leben gelernt, da wirst du doch wohl mit diesen einfachen Düngeregeln zurechtkommen.«
»Und wann soll ich düngen?« »Auch das sagt die Bodenanalyse. Normalerweise im zeitigen Frühjahr, Anfang Juli und eventuell noch eine Spätherbstdüngung Ende November.
Weiteres Wissen, was den Boden angeht, kannst du in vielen interessanten Gartenbüchern nachlesen.«

Ein Wort aber noch zum Kompost. Mein wunderbarer Ehemann bereitet wunderbaren Kompost, der dafür sorgt, daß unsere Düngung auf ein Mindestmaß begrenzt werden kann. Diesen Weg habe ich immer beibehalten. Warum hätte ich auch abweichen sollen? Es wuchs und wächst doch alles prächtig, und wer in unseren Garten kommt, sieht doch, daß hier alles stimmt. Die Geradlinigkeit ist wichtig: Kompost, Düngung bzw. Ernährung, Bodenanalyse alle zwei Jahre. Alles klar?«

»Dein Rat enthält eine Hemmschwelle«, erklärt mir Gabi. »Wie bitte?« frage ich. »Ja«, sagt sie, »die Bodenprobe, das ist zu aufwendig.« Erschüttert falle ich in mich zusammen: »Du hast gesagt, daß du alles genauso machen willst wie ich. Ich aber gärtnere biologisch, und es gibt kein ehrliches Gärtnern, das ohne Bodenanalyse auskommt. Wenn diese Bodenanalyse für dich schon eine »Hemmschwelle« bedeutet, dann gehörst du eben zu den tausenden von Leuten, die zwar viel vom Umweltschutz reden, aber nur wenig dafür tun.
Alle überflüssigen Düngeranteile nämlich, die ein Volldünger wie das Blaukorn enthält, das du händeweise auf das Land streust, werden sehr schnell von starken Regenfällen oder stundenlangem Wässern ausgewaschen. Das heißt: Sie geraten unter den Durchwurzelungsraum und landen unverbraucht im Grundwasser. Sie verderben die kostbarste Reserve, die wir haben, das Wasser. Aber so ist das eben: Einen rauchenden Schornstein sieht man und regt sich auf, aber all das, was in den unsichtbaren Teil des Garten versickert, das Bodenleben zerstört, das Grundwasser mit Giften anreichert, das sieht man nicht und identifiziert sich nicht damit. Aber genug davon. Es ist deine Verantwortung, die **du allein** zu tragen hast«.

Zurück zum Kompost: Kompost ist die Seele des Gartens. Er sorgt dafür, daß das fertige Produkt, regelmäßig auf das Land gebracht, den so wichtigen Humusanteil im Boden mehr und mehr vergrößert. **Kompost** bedeutet das *Zusammengesetzte*, das heißt also, die Bestandteile müssen vielfältig sein. Küchenabfälle (sogar mit Orangenschalen wird das Bodenleben fertig), alle Abfälle von laubtragenden Hecken – spannenlang geschnitten – (Rosenabfälle gehören in den städtischen Abfall), Stauden (Vorsicht bei Samenständen von Einjährigen!) und nach Möglichkeit Tiermist.

Wer es also als Lust empfindet, sich ein oder zwei Kaninchen zu halten, kann mit dem wöchentlich anfallenden Strohmist den Kompost erfreuen. Oder aber man fährt regelmäßig zu einem Reitstall, und erbittet sich dort jede Woche einen Eimer köstlichen Pferdemistes. Falls sich in der Nähe auf einer Weide Kühe aufhalten, wird sich ein netter Bauer kaum ablehnend verhalten, wenn man ihn ab und zu um ein paar Kuhfladen bittet. Ein winterlicher Spaziergang tut nicht nur uns gut, sondern auch dem Kompost, wenn man, mit Schäufelchen und Plastiktüte bewaffnet, sich des leicht gefrorenen, goldenen Abfalls einer weidenden Schafherde bedient.
Zwischen all diese Bestandteile geben wir regelmäßig eine dünne Schicht lehmiger Erde oder im Sommer auch mal eine ganz dünne Schicht Rasenschnitt. Mehr von diesem auf gar keinen Fall, weil Rasenschnitt schnell zusammenklebt, fault und stinkt.

Lange anhaltende Regenfälle lassen einen ungeschützten Kompost zu naß werden, Fäulnisprozesse verhindern die Zersetzung, und Bodenbakterien samt Regenwurm flüchten. Ist der Kompost hingegen zu trocken, kann gar keine Umsetzung stattfinden. Künstliche Befeuchtung ist in diesem Falle erforderlich. **Durchlüftung, milde Feuchtigkeit und Wärme**, das sind die wichtigsten Voraussetzungen für eine gute Kompostierung. Ich erreiche das, indem ich mit Kompostbehältern arbeite, die einen Deckel besitzen. Sie garantieren mir das erforderliche Milieu und verhindern das Eindringen von lästigem Getier.
Kompost bereiten macht Spaß! Es ist eine wunderbare Beschäftigung für den lieben Ehemann. Und ist es nicht ein Wunder zu erleben, wie aus unansehnlichen Abfällen duftende schwarze Erde wird?!

Noch eine lustige Begebenheit; Nachdem wir im Gartenkursus lange über das Thema Düngung gesprochen hatten und Fragen über Fragen gestellt worden waren, wollte zu guter Letzt noch jemand wissen, was mit einem Boden geschieht, der nur mit Pferdemist gedüngt wird. »Der fängt an zu wiehern,« scholl es leicht gereizt aus der hintersten Reihe von einem inzwischen ungeduldig gewordenen Gartenmenschen.